edition unseld 48

Auto, PC, Internet – wenn die Menschheit mit technologischen Neuerungen konfrontiert ist, zeigt sie immer dieselben Reflexe: »Wer braucht das?«, »Ist das nicht viel zu teuer?«, »Verdirbt das nicht das Denken?« Erkenntnisfördernd sind solche Standardreaktionen nicht unbedingt, und daher wirft Kathrin Passig in sechs ursprünglich für den *Merkur* verfassten Essays einen genaueren Blick auf Phänomene, die oft als Anzeichen für den bevorstehenden Untergang des Abendlands betrachtet werden: auf E-Books, Internetforen und den Datenexhibitionismus der »Quantified Self«-Bewegung.

Kathrin Passig, geboren 1970, ist Journalistin und Schriftstellerin. 2006 wurde sie mit dem Ingeborg-Bachmann-Preis ausgezeichnet. Zuletzt veröffentlichte sie gemeinsam mit Sascha Lobo das Buch *Internet – Segen oder Fluch*.

Standardsituationen der Technologiekritik

Kathrin Passig

Suhrkamp

Die *edition unseld* wird unterstützt durch eine Partnerschaft
mit dem Nachrichtenportal *Spiegel Online*. www.spiegel.de

Erste Auflage 2013
edition unseld 48
Originalausgabe
© Suhrkamp Verlag Berlin 2013
Alle Rechte vorbehalten, insbesondere das der Übersetzung,
des öffentlichen Vortrags sowie der Übertragung
durch Rundfunk und Fernsehen, auch einzelner Teile.
Kein Teil des Werkes darf in irgendeiner Form
(durch Photographie, Mikrofilm oder andere Verfahren)
ohne schriftliche Genehmigung des Verlages reproduziert
oder unter Verwendung elektronischer Systeme
verarbeitet, vervielfältigt oder verbreitet werden.
Satz: TypoForum GmbH, Seelbach
Druck: Druckhaus Nomos, Sinzheim
Umschlaggestaltung: Nina Vöge und Alexander Stublić
Printed in Germany
ISBN 978-3-518-26048-7

Standardsituationen der Technologiekritik

Inhalt

Standardsituationen der Technologiekritik

Der Anthropologe Brent Berlin und der Linguist Paul Kay beschrieben 1969 in einer Studie über die Farbbezeichnungen in unterschiedlichen Kulturen die immer gleiche Abfolge der beobachteten Entwicklungsstufen. Kulturen mit nur zwei Farbbegriffen unterscheiden zwischen »hellen« und »dunklen« Tönen. Kennt eine Kultur drei Farben, ist die dritte Farbe Rot. Wenn sich die Sprache weiter ausdifferenziert, kommt zuerst Grün und/oder Gelb und danach Blau hinzu.

Alle Sprachen mit sechs Farbbezeichnungen unterscheiden Schwarz, Weiß, Rot, Grün, Blau und Gelb. Die nächste Stufe ist Braun, dann erscheinen in beliebiger Reihenfolge Orange, Rosa, Violett und/oder Grau, ganz zum Schluss taucht Hellblau auf. Die Reaktion auf technische Neuerungen folgt in Medien und Privatleben ähnlich vorgezeichneten Bahnen. Das erste, noch ganz reflexhafte Zusammenzucken ist das »What the hell is it good for?« (Argument eins), mit dem der IBM-Ingenieur Robert Lloyd 1968 den Mikroprozessor willkommen hieß. Schon Praktiken und Techniken, die nur eine Variante des Bekannten darstellen – wie die elektrische Schreibmaschine als Nachfolgerin der mechanischen –, stoßen in der Kulturkritikbranche auf Widerwillen. Noch schwerer haben es Neuerungen, die wie das Telefon oder das Internet ein weitgehend neues Feld eröffnen. Wenn es zum Zeitpunkt der Entstehung des Lebens schon Kulturkritiker gegeben hätte, hätten sie missmutig in ihre Magazine geschrieben: »Leben – what is it good for? Es ging doch bisher auch so.«

Weil das Neue eingespielte Prozesse durcheinanderbringt, wird es oft nicht nur als nutzlos, sondern als geradezu lästig empfunden. Der Student Friedrich August Köhler schrieb 1790 nach einer Fußreise von Tübingen nach Ulm:

»Zwar wurden vermöge eines landesherrlichen Edicts überal [Wegezeiger] errichtet, aber ihre Existenz war kurz, weil sie der ausgelassene Pöbel an den meisten Orten zerstörte, welches besonders in den Gegenden der Fall ist, wo die Landleute zerstreut auf Höfen wohnen und wenn sie in Geschäften nach der nächsten Stadt oder dem nächsten Dorf kommen, meistens betrunken nach Hause kehren und weil ihnen der Weg bekanndt ist, Wegezeiger für eine unnöthige Sache halten.«

Ähnlich unbegeistert scheinen die Pariser die 1667 unter Louis XIV. eingeführte Straßenbeleuchtung begrüßt zu haben. Dietmar Kammerer vermutet in der *Süddeutschen Zeitung*, es habe sich bei der häufigen Zerstörung dieser Laternen um einen Protest der Bürger gegen den Verlust ihrer Privatsphäre gehandelt, weil ihnen klar war, »das ist eine Maßnahme des Königs, um die Straßen unter seine Kontrolle zu bringen«. Eine einfachere Erklärung wäre, dass der Bürger auf unbeaufsichtigt in der Gegend herumstehende Neuerungen generell aggressiv reagiert. Zuletzt war es die Deutsche Bahn, die erklärte, der anfängliche Vandalismus an ihren auffälligen Leihfahrrädern habe mittlerweile nachgelassen, die Einwohner hätten sich »an den Anblick der Räder gewöhnt«.

Wenn sich herausstellt, dass das neue Ding nicht so überflüssig ist, wie zunächst angenommen, folgt das kurze Interregnum von Argument zwei: »Wer will denn so was?« »That's an amazing invention«, lobte US-Präsident Rutherford B. Hayes 1876 das Telefon, »but who would ever want to use one of them?« Und von Filmstudiochef Harry M. Warner ist die um 1927 gestellte Frage überliefert: »Who the hell wants to hear actors talk?«

Im Angesicht der Faktenlage – irgendwer will das Telefon dann ja doch benutzen – einigt man sich schließlich auf Argument drei: »Die Einzigen, die das Neue wollen, sind zweifelhafte oder privilegierte Minderheiten.« In den neunziger Jahren hieß es vom Internet, es werde ausschließlich von weißen, überdurchschnittlich gebildeten Männern zwischen 18 und 45 genutzt. Mehr noch, es habe auch keine Chance, breitere Bevölkerungsschichten zu erreichen, denn »Frauen interessieren sich weniger für Computer und scheuen die unpersönliche Öde des Netzes. Im realen, nichtvirtuellen Leben sind Frauen aber die wichtigeren Käufer als Männer. Dem Internet fehlt daher eine maßgebende Käuferschicht.« So schrieb Hanno Kühnert 1997 im *Merkur* unter dem aufrüttelnden Titel »Wenn das Internet sich nicht ändert, wird es zerfallen«.

Freizeitforscher Horst Opaschowski prophezeite 1994: »Der Multimediazug ins 21. Jahrhundert wird eher einem Geisterzug gleichen, in dem sich ein paar Nintendo- und Sega-Kids geradezu verlieren, während die Masse der Konsumenten nach wie vor ›voll auf das TV-Programm abfährt‹. Der Multimediarausch findet nicht statt. Die Macher haben die Rechnung ohne die Mitmacher gemacht.« Schon ab den frühen neunziger Jahren wurde regelmäßig darauf hingewiesen, dass insbesondere Terroristen, Nazis sowie Pornografiehersteller und -konsumenten sich des Internets bedienten.

Einige Zeit später ist nicht mehr zu leugnen, dass das neue Ding sich einer gewissen Akzeptanz nicht nur unter Verbrechern und Randgruppen erfreut. Aber vielleicht geht es ja auch einfach wieder weg, wenn man die Augen fest genug zukneift. »The horse is here to stay, but the automobile is only a novelty – a fad«, wurde Henry Fords Anwalt Horace Rackham vom Präsidenten seiner Bank in der Frage beraten, ob er in die Ford Motor Company investieren solle. Charlie Chaplin war 1916 der Meinung, das Kino sei »little more than a fad«, Thomas Alva Edison verkündete 1922 »The radio craze […] will die out in time«, und Ines Uusmann, die ehemalige schwedische Ministerin für Verkehr und Kommunikation, hoffte noch 1996: »Das Internet ist eine Mode, die vielleicht wieder vorbeigeht.« So weit das seinerseits nicht sehr langlebige Argument vier.

Statt der Existenz des Neuen kann man danach noch eine Weile (Argument fünf) dessen Auswirkungen leugnen: »Täuschen Sie sich nicht, durch (das Maschinengewehr) wird sich absolut nichts ändern«, wie der französische Generalstabschef im Jahr 1920 vor dem Parlament versicherte. Oder: »Das Internet wird die Politik nicht verändern« (so Fiete Stegers in der *taz* vom 13. November 2000). Es handelt sich höchstwahrscheinlich nur um ein schönes Spielzeug (Argument fünf a) ohne praktische Konsequenzen: »a pretty mechanical toy«, wie Lord Kitchener um 1917 über die ersten Panzer urteilte. Insbesondere lässt sich mit der neuen

Technik kein Geld verdienen (Argument fünf b): »[Airplanes] will be used in sport, but they are not to be thought of as commercial carriers«, prophezeit Flugpionier Octave Chanute 1904. »Eher skeptisch«, so der *Spiegel* 1996 unter der Überschrift »Mythos Netz«, »betrachtet die Entwicklung auch Josef Schäfer, Bereichsleiter für Multimedia beim Essener RWE-Konzern. Multimedia sei zwar ›ein interessanter Markt, bei dem alle dabeisein wollen. […] Doch ist der Kunde auch bereit, Geld dafür zu zahlen?‹«

Eine Variante des Nutzlosigkeitsvorwurfs, die sich gegen Kommunikationstechnologien richtet, ist der Einwand fünf c, die Beteiligten hätten einander ja gar nichts mitzuteilen. »Wir beeilen uns stark, einen magnetischen Telegraphen zwischen Maine und Texas zu konstruieren, aber Maine und Texas haben möglicherweise gar nichts Wichtiges miteinander zu besprechen«, vermutete Henry David Thoreau 1854 in Walden. Denselben Vorwurf mussten sich Telefon und Internet gefallen lassen. »Das so viel gerühmte Internet steht exemplarisch und herausragend dafür, wie eine grenzenlose Öffnung informationstechnischer Kanäle, neben einer unbestrittenen Zahl anspruchsvoller Informationen, zu einer Flut von inhaltslosem Wortlärm führt«, erklärte der Dortmunder Kommunikationswissenschaftler Claus Eurich 1998 in *Mythos Multimedia*.

Der Autor Andrew Keen beschrieb 2007 in *The Cult of the Amateur* »Abermillionen von aufgedrehten Affen (und viele nicht talentierter als unsere Cousins unter den Primaten)«, die nichts anderes zustande brächten als »endlose digitale Wälder des Mittelmäßigen«. Ebenfalls 2007 mutmaßte

Henryk M. Broder im *Tagesspiegel* unter der Überschrift »Das Internet macht doof«, das WWW sei »maßgeblich für die Infantilisierung und Idiotisierung der Öffentlichkeit verantwortlich«. »Wenn die *New York Times* denselben Zugang zur Öffentlichkeit hat wie eine Kannibalen-Selbsthilfegruppe, wird sich die Öffentlichkeit auf Dauer nicht auf dem Niveau der *New York Times* einpegeln, sondern auf dem der Kannibalen-Selbsthilfegruppe.« Am Ende handelt es sich vermutlich nur um die alte Angst vor und Kritik an der Masse, was umso deplatzierter wirkt, als gerade das Internet mit den herkömmlichen Vorwürfen an Massenmedien – Verbreitung einer homogenen Kultur, Nivellierung, Förderung passiver Wahrnehmung, Konservatismus – gar nicht so leicht zu packen ist.

Etwas später ist nicht mehr zu leugnen, dass das Neue sich weiter Verbreitung erfreut, keine Anstalten macht, wieder zu verschwinden, und sogar kommerziell einigermaßen erfolgreich ist. Es ist also im Prinzip ganz gut, aber, so Vorwurf Nummer sechs, nicht gut genug. Zum Beispiel kostet es Geld und wird immer teurer werden: »Wer das Internet regelmäßig nutzt, hat also trotz der preiswerten Verbindungen eine spürbar erhöhte Telefonrechnung. Die Kosten für den einzelnen User werden weiter steigen« (Kühnert). Es ist langsam und umständlich und wird immer langsamer werden: »Experten befürchten, daß das Überlastproblem in wenigen Jahren einen kritischen Punkt erreicht, wenn nicht zuvor eine Lösung gefunden wird. Bis dahin wird die Geschwindigkeit im Netz weiter spürbar zurückgehen«, kündigte Peter Glaser 1996 im *Spiegel* unter dem Titel »World

Wide Wait« an. (Es wurde dann doch, wie schon bei Thomas Malthus, »zuvor eine Lösung gefunden«.)

Den meisten dieser Vorwürfe ist gemein, dass ihre Anhänger die jeweiligen Probleme für naturgegeben und unvermeidlich halten und von einer weiteren Verschlechterung der Lage ausgehen, obwohl dafür historisch gesehen eher wenig spricht. Kühnert beklagte 1996: »Eine dieser (Such-)-Maschinen antwortete auf die Frage nach dem Wort ›Internet‹ mit 1881 Antworten. Bei der 120 Auskunft mochte ich nicht mehr herumklicken.« Zwei Jahre später sorgten Larry Page und Sergey Brin für Abhilfe in Form des Google-Suchalgorithmus. Man brauchte jetzt nicht mehr alle 1,5 Milliarden (Stand: Oktober 2009) Suchergebnisse für das Wort »Internet« anzuklicken, sondern nur noch die ersten paar, was den *Spiegel* nicht daran hinderte, 2008 zu erklären:

»Das größte Problem des Internet ist die Kehrseite seines größten Vorteils – das Überangebot an Informationen. Suchmaschinen liefern zwar Millionen Treffer auf alle möglichen Fragen und sortieren sie hierarchisch quasi nach ihrer Beliebtheit im Netz – sozusagen Relevanz durch Plebiszit. Kritische Vernunft jedoch hat Google in seinen Algorithmen noch nicht eingeführt.«

Irgendwas ist ja immer.

Die Innovation ist außerdem überkompliziert und anfällig: »The bow is a simple weapon, firearms are very complicated things which get out of order in many ways«, begründete Colonel Sir John Smyth 1591 vor dem englischen Privy Council, warum eine Umstellung von Bogen auf Musketen nicht ratsam sei. Die Londoner *Times* hielt es in einem Leitartikel aus dem Jahr 1895 für »extremely doubtful«, dass das Stethoskop jemals weite Verbreitung finden werde, denn sein Einsatz sei zeitraubend und verursache »a good bit of trouble«.

Und schließlich ist das Neue nicht hundertprozentig zuverlässig. Der Volkskundler Martin Scharfe hat in seinem Buch *Wegzeiger* Berichte und Karikaturen zusammengetragen, in denen Wegzeiger mit unleserlichen, zerbrochenen, in die falsche Richtung weisenden oder heruntergefallenen Armen eine tragende Rolle spielen. Das gleiche Misstrauen gegenüber neumodischen Orientierungshilfsmitteln und die gleiche Schadenfreude darüber, dass sich da jemand für besonders klug und gut ausgerüstet hält und dennoch scheitert, äußert sich in den seit den späten neunziger Jahren beliebten Berichten über Autofahrer, die von ihrem Navigationsgerät in die Irre geführt werden. In dieselbe Kategorie gehören die Vorwürfe, ins Internet könne ja jeder ungeprüft alles hineinschreiben, die ihrerseits schon dem nicht mehr handgeschriebenen Buch entgegenschlugen.

Spätestens zu diesem Zeitpunkt muss man sich Gedanken darüber machen, was das Neue in den Köpfen von Kindern, Jugendlichen, Frauen, der Unterschicht und anderen leicht zu beeindruckenden Mitbürgern anrichtet. »Schwächere als ich können damit nicht umgehen!«, lautet Argument sieben. Der damals 82-jährige Computerpionier Joseph Weizenbaum erklärte 2005: »Computer für Kinder – das macht Apfelmus aus Gehirnen.« Medizinische oder psychologische Studien werden ins Feld geführt, die einen bestimmten Niedergang belegen und einen Zusammenhang mit der gerade die Gemüter erregenden Technologie postulieren. So fand die Psychologin Jean Twenge an der San Diego State University durch eine Studie an 16 000 Collegestudenten heraus: »Die jungen, nach 1982 geborenen Menschen sind die narzisstischste Generation der jüngsten Geschichte und weit entfernt von einer sozialen Orientierung.« Mitverantwortlich seien Websites wie MySpace und YouTube, die »eine Selbstdarstellung zulassen, die weit über das hinausgeht, was in den traditionellen Medien möglich war«.

Ein Urahn dieser Bedenken ist natürlich die Lesekritik. »Man liest, nicht um sich mit Kenntnissen zu bereichern, sondern nur um zu sehen, man liest das Wahre und das Falsche prüfungslos durcheinander, und dieß lediglich mit Neugier ohne eigentliche Wißbegier. Man liest und gefällt sich in diesem behaglichen, geschäftigen Geistesmüßiggang, wie in einem träumenden Zustande. Die Zeitverschwendung, die dadurch herbeigeführt wird, ist doch nicht der einzige Nachtheil, welcher aus der Vielleserei entsteht. Es wird dadurch das Müßiggehen zur Gewohnheit und bewirkt, wie aller Müßiggang, eine Abspannung der eigenen Seelenkräfte«, warnt 1844 das Universallexikon der Erziehungs- und Unterrichtslehre in der zweiten Auflage. Folgerichtig erstand in den neunziger Jahren auch die gefährliche »Bibliomanie« im neuen Gewand der »Internetsucht« oder »Onlinesucht« wieder auf. Die »Abspannung der Seelenkräfte« entging auch dem *Spiegel* nicht, der im August 2008 beklagte: »Der Kommunikationswahn im Netz hat verhaltensauffällige und hochnervöse Individuen hervorgebracht, die immer mehr erfahren und immer weniger wissen.«

Im Zusammenhang mit der Erziehung anderer zur richtigen Nutzung des Neuen stehen die jetzt auftauchenden Etikettefragen (Argument acht), bei denen es sich streng genommen nicht um Fragen handelt, denn sie werden weniger gestellt als ungefragt beantwortet. In der Frühzeit des Buchdrucks galt es als unfein, ein gedrucktes Buch zu verschenken; getippten Privatbriefen haftete bis in die achtziger Jahre ein Beigeschmack des Unhöflichen an. Die Kritik des Handygebrauchs in der Öffentlichkeit erklärt das Sprechen mit einem unsichtbaren Gesprächspartner – im Unterschied zum Sprechen mit physisch anwesenden Dritten – zu einer Zumutung für die Umgebung. Das Herumsitzen in Cafés mit aufgeklapptem Computer wird von Gastronomen nicht gern gesehen – es vermittle ein ungeselliges Bild und schmälere die Einkünfte –, während das öffentliche Herumsitzen mit Buch oder aufgeklappter Zeitung schon seit einiger Zeit keinen Anstoß mehr erregt. Unausgesprochen geht es letztlich darum, dass Gegner einer Neuerung nicht ungefragt mit ihr konfrontiert werden wollen.

Hat die neue Technik mit Denken, Schreiben oder Lesen zu tun, dann verändert sie, Argument neun, ganz sicher unsere Denk-, Schreib- und Lesetechniken zum Schlechteren. Die Postkarte galt Kritikern um 1870 als Sargnagel der Briefkultur. Die American Newspaper Publishers' Association diskutierte im Februar 1897 die Frage: »(Do typewriters) lower the literary grade of work done by reporters?«

In der *Neuen Zürcher Zeitung* war 2002 wiederum zu lesen, die mechanische Schreibmaschine habe durch ihre unterschiedlich stark gefärbten Buchstaben und ihre Geräusche Individualität verkörpert und an die Dynamik der Musik erinnert.

»Damit ist es längst vorbei. Der Computer hat solche Ausschläge in die Eigenheiten des Schreibens vollkommen egalisiert. Er behandelt alle Gedanken gleich, das Bild ist uniform. Mehr noch, auch jede Art von Schmutz oder Gewalt, die Schräglage des Papiers, die Stauchung der Zeilen, ein gehöhtes C – verschwunden. Was, wir wissen es, zu Nachlässigkeiten verführt: Wer hätte nicht schon geglaubt, einen trefflichen Text deshalb verfasst zu haben, weil alles so schön und rein zu lesen war? Wer wäre nicht schon versucht gewesen, einfach anzufangen, um dies oder jenes zu ergänzen und zu verschieben, zu tilgen und zu speichern?«

Die NZZ ist in diesem Punkt ein Nachzügler, eigentlich waren diese Vorwürfe an den Computer bereits in den achtziger und frühen neunziger Jahren erschöpfend behandelt worden. Peter Härtling erläuterte 1994 im *Marbacher Magazin*: »Die Prosa eines mit dem PC arbeitenden Poeten zeichnet sich für Kenner wiederum dadurch aus, dass sie unmerklich die Furcht vor dem Absturz prägt.« An der University of Delaware entstand 1990 eine im Journal *Academic Computing* veröffentlichte Studie, der zufolge Studenten am Apple Macintosh wegen dessen graphischer Benutzeroberfläche im Vergleich zu Studenten am PC mehr Rechtschreibfehler machen, nachlässiger schreiben, einfachere Satzstrukturen und ein kindliches Vokabular benutzen. Aktuellere Varianten sind die Klage über die »leicht verdaulichen Texthäppchen und Schaubilder« der Präsentationssoftware Powerpoint, die zu einer »Verflachung des Denkens« führen (*Spiegel* 2004), sowie die angeblich nachlassende Fähigkeit, längeren Texten überhaupt noch zu folgen.

In den seltenen Fällen, in denen der Kritiker erkennt, dass seine Vorwürfe schon mal da waren, argumentiert er, es sei diesmal aber trotzdem ganz anders und viel schlimmer. Der US-Essayist Sven Birkerts schrieb 1994: »Der Unterschied zwischen der Frühen Neuzeit und der Gegenwart ist – drastisch vereinfacht – der, dass der Körper einst Zeit hatte, das transplantierte neue Organ anzunehmen, während wir jetzt Hals über Kopf voranstürzen.« Ein zukunftsträchtiges Argument, schließlich ist nicht abzusehen, dass das Tempo der Veränderungen nachlassen wird. Im Gegenteil: »Denn die Zeit zum Umstellen, zum Erlernen der neuen Techniken wird immer knapper. Von den ersten nachweisbaren Schriften der Menschheit bis zum Kodex: 3600 Jahre; von dort zu Gutenbergs beweglichen Lettern: 1150 Jahre. Und seither geht es Schlag auf Schlag«, berichtet der *Spiegel* im August 2008.

Dass jede Technologie diese Stufen von Neuem durchlaufen muss, erklärt das unvorhergesehen hohe Internetkritikaufkommen der letzten zwei Jahre. Während die Kritik am 1994 aufgetauchten World Wide Web in ihren Endphasen angelangt ist, bewegen sich diverse internetbedingte Neuerungen gerade durch die ersten Stufen, etwa der 2006 gestartete Mikro-Blogging-Dienst Twitter: »Unklar daran«, schrieb der Journalist Bernd Graff 2008 in der *Süddeutschen Zeitung*, »ist nur, warum man das tun sollte, warum man also überhaupt mikro-bloggen oder, wie man – benannt nach dem prominentesten Mikro-Blogging-Anbieter – inzwischen auch sagt, warum man ›twittern‹ sollte« (Argument eins). Die »gewöhnliche Tonlage des Netz-Gezwitschers« sei »monoton und von ergreifender Schlichtheit« (Argument fünf c). Johannes B. Kerner fragte im September 2009: »Wen interessiert denn das? Ich kann mir nicht vorstellen, dass davon ein Wahlkampf beeinflusst wird. Es ist ein völliger Unsinn. Völlig gehaltlos für journalistisches Arbeiten« (Argument fünf).

Man weiß zwar derzeit mangels verlässlicher Erhebungen noch gar nicht so genau, wer Twitter nutzt und wer nicht. Dass es aber wahrscheinlich kein repräsentativer Bevölkerungsquerschnitt ist, gibt Anlass zu Kritik wie dieser 2008 von Christian Stöcker im *Spiegel* geübten: »Twitter wird allerdings eher von Präsidentschaftskandidaten, pummeligen Silicon-Valley-Nerds Ende dreißig und um Hipness bemühten Technikjournalisten benutzt als von der Jugend« (Argument drei).

Das iPhone (Jahrgang 2007) hat die schon aus der Handyeinführung in den neunziger Jahren bekannten Kritikstufen »Braucht kein Mensch« – »Brauch ich nicht« – »Ist nur was für Angeber« durchlaufen und ist bei »Ich hab mir jetzt auch so ein iPhone geholt – aber der teure Vertrag!« (Argument sechs) angekommen. Sowohl beim Handy als auch beim Smartphone zeigte sich, wie zum Zeitpunkt der Anschaffung noch die vom Vorläufer abgeleiteten Nutzungsabsichten dominieren: »Wir wollen nur im Urlaub erreichbar sein! Nicht selbst telefonieren!«, versicherte man dem Verkäufer ungefragt beziehungsweise im Falle des Smartphones: »Wir wollen gar nicht ins Internet! Nur telefonieren!« Es kann dann noch einige Zeit dauern, bis die eigentlich innovativen Fähigkeiten des Geräts tatsächlich genutzt werden.

Auch E-Books haben die »What is it good for«-Phase im Laufe des Jahres 2009 verlassen, während vom – etwas jüngeren – Netbook immer noch hin und wieder zu lesen ist, es brauche nun wirklich kein Mensch ein weiteres Gerät zwischen Smartphone und Notebook. Das 2004 gestartete Facebook, schrieb die Journalistin Virginia Heffernan 2009 in der *New York Times*, ist zu kommerziell, gefährdet die Privatsphäre, ruiniert Freundschaftsbeziehungen und war nur ein kurzlebiger Hype. Und Google, Jahrgang 1998, macht dumm, wie der Sachbuchautor Nicholas Carr 2008 im *Atlantic* erklärte.

Es scheint derzeit etwa 10 bis 15 Jahre zu dauern, bis eine Neuerung die vorhersehbare Kritik hinter sich gebracht hat. Die seit 1992 existierende SMS wird mittlerweile nur noch von extrem schlecht gelaunten Leserbriefschreibern für den Untergang der Sprache verantwortlich gemacht. Immerhin aus Irland, einem Museum anderswo bereits ausgestorbener Kulturkritik, drang noch 2007 die Kunde, das Schreiben von Kurznachrichten verrohe die Sprache der Jugend. Das Niveau der Abschlussarbeiten 15-jähriger Schüler, so das Ergebnis einer Untersuchung der irischen State Examination Commission, habe im Vergleich zum Vorjahr nachgelassen. »Mobiltelefone und die steigende Popularität von Textnachrichten« hätten einen deutlichen Einfluss auf die Schreibfähigkeiten der Jugend (Argumente acht und neun), gab der Vorsitzende der Kommission in einem Gespräch mit der *Irish Times* an.

Das eigentlich Bemerkenswerte am öffentlich geäußerten Missmut über das Neue aber ist, wie stark er vom Lebensalter und wie wenig vom Gegenstand der Kritik abhängt. Dieselben Menschen, die in den Neunzigern das Internet begrüßten, lehnen zehn Jahre später dessen Weiterentwicklungen mit ebenjenen damals belächelten Argumenten ab. Es ist leicht, Technologien zu schätzen und zu nutzen, die einem mit 25 oder 30 Status- und Wissensvorsprünge verschaffen. Wenn es einige Jahre später die eigenen Pfründen sind, die gegen den Fortschritt verteidigt werden müssen, wird es schwieriger.

Zur Bewältigung dieses Problems gibt es zwei Ansätze: In der schlichteren Variante kann man zumindest versuchen, den Gebrauch der Standardkritikpunkte zu vermeiden, insbesondere dann, wenn man sich öffentlich zu Wort meldet. Die hier versammelten Einwände gegen neue Technologien sind nicht automatisch unberechtigt – es ist lediglich nicht sehr wahrscheinlich, dass man damit valide Kritikpunkte identifiziert. Wenn jeder dieser Schritte einen realen Niedergang beschriebe, wäre die Welt eine von M. C. Escher gezeichnete Treppe.

Die mühsamere Therapie heißt Verlernen. Denn niedere Statuszugewinnabsichten sind nicht der Hauptgrund für die Neophilieunterschiede zwischen den Generationen. Der erwachsene Mensch kennt einfach zu viele Lösungen für nicht mehr existierende Probleme. Dazu kommt ein Hang zum Übergeneralisieren auf der Basis eigener Erfahrungen. In einem 1996 geführten *Spiegel*-Interview mit dem damals 35-jährigen Friedrich Küppersbusch entfaltet sich unter der

Überschrift »Wer nichts wird, wird virtuell« das ganze Spektrum des »Been there, done that«-Problems: Das Internet, so Küppersbusch, sei »nicht viel mehr als die Neuerfindung des Telefons, jetzt mit Bild und Datenleitung« und »das Gequatsche im Internet nichts anderes als der CB-Funk der siebziger Jahre«. Interaktivität kenne man »im Fernsehen doch schon seit den siebziger Jahren unter dem Motto ›Sie können uns anrufen!‹. Das Internet kommt in dem Punkt zwei Jahrzehnte zu spät.« Die Konsumhaltung sei viel zu ausgeprägt und das Internet »ein tolles Spielzeug, das aber wie alle entwickelten Massenmedien nur zur Vereinzelung beiträgt«.

Als Küppersbusch am Ende des Interviews gefragt wird, ob hier der »technikfeindliche deutsche Intellektuelle« spreche, gibt er in seltener Offenheit die autobiographischen Wurzeln seines Unbehagens zu:

»Nein, ich habe nur keinen Bock, in Enttäuschungen reinzulaufen, die ich mit 15 hatte. Als ich gedacht habe, wenn ich eine Schülerzeitung gründe, dann könnten 1500 Schüler mitmachen. Mit einer Jugendtalkshow habe ich das später noch einmal versucht. Die Leute hatten alle Möglichkeiten und haben nichts draus gemacht. Den Frust hol' ich mir nicht jede Woche.«

Wer darauf besteht, zeitlebens an der in jungen Jahren gebildeten Vorstellung von der Welt festzuhalten, entwickelt das geistige Äquivalent zu einer Drüberkämmer-Frisur: Was für einen selbst noch fast genau wie früher aussieht, sind für die Umstehenden drei über die Glatze gelegte Haare. Solange wir uns nicht wie im Film *Men in Black* blitzdingsen lassen können, müssen wir uns immer wieder der mühsamen Aufgabe des Verlernens stellen. Mit etwas Glück hat der Staat ein Einsehen und bietet in Zukunft Erwachsenenbildungsmaßnahmen an, in denen man hinderlich gewordenes Wissen – sagen wir: über Bibliotheken, Schreibmaschinen, Verlage oder das Fernsehen – ablegen kann.

Abschied vom Besten

»Das meiste, was auf Twitter kursiert, ist belangloses Geschnatter von zweifelhaftem Erkenntniswert«, konstatierte ein *Spiegel-Online*-Journalist 2009 im Gespräch mit Twitter-Gründer Evan Williams. Dass das richtig, aber nicht weiter erkenntnisbefördernd ist, hatte der Science-Fiction-Autor Theodore Sturgeon schon 1958 erkannt: »Neunzig Prozent von allem ist Mist«, lautet das nach ihm benannte »Sturgeon's Law«. Hier aber geht das Argument zweifach ins Leere, denn über die Qualität von Twitter lässt sich so wenig Allgemeingültiges aussagen wie über den Inhalt von Bücherregalen. Twitter existiert in so vielen Varianten, wie es Nutzer hat, eine gemeinsame Basis gibt es nicht. Wer bei Twitter belangloses Geschnatter liest, der hat es sich so ausgesucht.

Twitter wird im Folgenden noch öfter als Beispiel herhalten müssen, weil es wegen seines geringen Funktionsumfangs ein Mikrolabor darstellt, in dem man verschiedene Phänomene in Reinkultur beobachten kann. Kaum ein Onlineangebot ist so konsequent und vollständig den persönlichen Interessen angepasst. Dass eine der Methoden, die verwirrende Fülle des Internets in den Griff zu bekommen, das individuelle Ausblenden von Störfaktoren ist, zeichnet sich schon seit einigen Jahren ab. Seit Dezember 2009 erhält jeder Nutzer der Google-Suche Suchergebnisse auf der Basis seiner vergangenen Suchanfragen und – unter bestimmten Voraussetzungen – seiner besuchten Seiten. Es gibt keine »normalen« Google-Ergebnisse mehr, und wer seine eigene

Firmenwebsite auf Platz eins der Suche vorfindet, kann nicht länger davon ausgehen, dass das auch für andere so ist. In naher Zukunft wird »das« Internet noch weniger existieren, als das jetzt schon der Fall ist. Was bei Google automatisch passiert, wird bei Twitter von Hand justiert, aber das Ergebnis ist in beiden Fällen dasselbe: Der Nutzer bekommt das zu sehen, was er sehen will, der Rest bleibt ihm erspart.

Weil diese manuelle Justierung selten so einfach wie bei Twitter ist, kommen in der Regel automatisierte Lösungen zum Einsatz. Die ersten solchen Techniken zum Herausfiltern der für einen bestimmten Nutzer interessanten Elemente tauchen im Internet ab den frühen neunziger Jahren auf. Es gibt diverse Möglichkeiten, passende Empfehlungen zu liefern. Google wertet das bisher beobachtete Nutzerverhalten aus und generiert daraus Vorhersagen. Beim »kollaborativen Filtern« versucht man, Nutzer mit ähnlichen Interessen zu identifizieren: Wenn jemand neun Bücher, Filme oder Bands gut bewertet hat, macht das Empfehlungssystem andere Nutzer mit denselben neun Vorlieben ausfindig und versucht, eine zehnte Gemeinsamkeit zu bestimmen. Dieser zehnte Titel wird dem zu beratenden Kunden wahrscheinlich auch zusagen.

Kollaborative Filterung steckt hinter dem lernenden Internetradio last.fm, den »Kunden, die diesen Artikel gekauft haben, kauften auch«-Empfehlungen bei Amazon und dem deutschsprachigen Filmempfehlungsdienst moviepilot.de. Zum Teil müssen die Nutzer dabei aktiv Bewertungen abgeben, wie ihnen etwa ein bestimmter Film gefallen hat, zum Teil lassen sich die zugrunde liegenden Daten direkt aus dem

Verhalten der Nutzer – bei last.fm etwa aus ihren Musikhörgewohnheiten – auslesen. Eine dritte Möglichkeit ist der Vergleich von Produktähnlichkeiten, wie ihn das Onlineradio Pandora oder der Filmempfehlungsdienst jinni.com betreiben. Bei Pandora analysieren Mitarbeiter Musikstücke und klassifizieren sie im Rahmen des »Music Genome Project« von Hand, bei jinni.com geschieht dasselbe automatisch anhand von Rezensionen. Den so zugewiesenen Attributen lassen sich dann wiederum Ähnlichkeitsbeziehungen zwischen den Stücken entnehmen. Die Zuverlässigkeit der Empfehlungen steigt, wenn mehrere Verfahren kombiniert werden.

Hinzu kommt ein anschwellender Strom von Empfehlungen aus dem privaten Umfeld, die in letzter Zeit hauptsächlich über soziale Netzwerke wie Facebook verbreitet werden. Es ist vor allem dieses Phänomen, das zu der derzeit populären Vorhersage geführt hat, dass Empfehlungen mittelfristig die Suche als zentrales Mittel zur Durchforstung der Welt und Bändigung der Informationsflut ablösen werden. Allerdings bringt diese Variante ein Problem mit sich, dem sich bislang wenige Anbieter stellen: Die Tatsache, dass zwei Menschen befreundet sind, sagt wenig über die Übereinstimmung ihrer Interessen aus. Aus gutem Grund unterscheidet das Onlineradio last.fm zwischen »Freunden« und »Nachbarn« – die Freunde dienen dem Sozialleben, die Nachbarn der Erzeugung von Musikempfehlungen. Bei Facebook hingegen geht man davon aus, dass jeder dieselben Links interessant findet wie die Menschen, mit denen er befreundet ist.

Reed Hastings, Gründer und CEO des Online-DVD-Ver

leihs Netflix, gibt in einer *New-York-Times*-Reportage aus dem Jahr 2008 zu Protokoll, dass Netflix zwar nicht wenige demografische Daten seiner Nutzer erhebt, aber – so zumindest der Stand 2008 – beim Erzeugen von Empfehlungen kaum von ihnen Gebrauch macht. Was der Anbieter über die Filmvorlieben seiner Kunden hinaus von ihnen weiß, erweist sich, so Hastings, als wenig nützlich bei der Vorhersage ihrer Ansichten über Filme. Und obwohl die Netflix-Nutzer die Filmempfehlungen ihrer Freunde angezeigt bekommen, geht nur ein sehr kleiner Teil der Ausleihvorgänge auf Tipps aus dem Freundeskreis zurück. Anders als man mit 15 zu vermuten geneigt war, ist persönliche Sympathie für die Qualität von Buch- oder Musikempfehlungen nicht nötig, und in der Praxis sind die Überschneidungen zwischen Freundeskreis und Geschmacksnachbarschaft gering. Es hilft, wenn Anbieter die Frage nach der Freundschaft von anderen Aspekten entkoppeln.

Noch vor Kurzem wurde die Aufgabe der Vorsortierung eines unüberschaubaren kulturellen Angebots von Buchhändlern, Bibliothekaren, Rezensenten oder Plattenverkäufern übernommen, die sie mehr schlecht als recht erfüllten. Die Wahrscheinlichkeit, dass die Empfehlungen eines einzelnen Menschen einem beliebigen anderen Menschen weiterhelfen, ist naturgemäß gering. Wer einen Händler oder Rezensenten fand, dessen Ansichten sich mit den eigenen deckten, hatte Glück, der Rest der Welt blieb auf Zufallsfunde angewiesen. Dass die neuen Empfehlungstechniken zur Lösung dieses Problems beitragen, erfreut nicht nur die Nutzer, es lohnt sich auch für die Anbieter. Amazon erzielt

20 bis 30 Prozent seiner Umsätze mit Verkäufen, die auf individuelle Produktempfehlungen zurückgehen.

Netflix schrieb im Jahr 2006 den »Netflix Prize« für Programmierer aus, die aufgefordert waren, die Qualität der Netflix-eigenen Empfehlungen um zehn Prozent zu verbessern. (Wie zuverlässig die verwendete Software funktioniert, ist leicht überprüfbar, indem man auf der Basis der Bewertungen, die ein Netflix-Nutzer bis zu einem bestimmten Zeitpunkt vergeben hat, versucht, bereits vorliegende spätere Bewertungen korrekt vorherzusagen.) Der mit einer Million Dollar dotierte Preis wurde im September 2009 ausbezahlt. Hinter dieser Großzügigkeit steckt die Tatsache, dass eine zehnprozentige Verbesserung der Empfehlungsqualität Netflix mehr als das investierte Preisgeld einbringen wird.

So sind in den letzten Jahren einige spezialisierte Anbieter entstanden, die produktunabhängige Empfehlungssoftware entwickeln. Richrelevance.com, ein 2006 vom ehemaligen Leiter der Amazon-Entwicklungsabteilung für Personalisierungstechniken gegründetes Unternehmen, vertreibt Empfehlungslösungen für E-Commerce-Websites. Die Software des 2009er Berliner Startups Directed Edge lässt sich ebenfalls in E-Commerce-Angebote einbinden, kann aber auch Empfehlungen für soziale Netzwerke oder Nachrichtenwebsites erzeugen. »The Filter« entstand 2008 als eigenständige Film- und Musikempfehlungswebsite, schwenkte aber kurze Zeit später ebenfalls auf die Lizenzierung seiner Software für den Einsatz durch Drittanbieter um.

In einer Umfrage des Produktempfehlungsspezialisten

ChoiceStream gaben 59 Prozent der Befragten an, im Jahr 2009 schlechte Produktempfehlungen von Onlineanbietern erhalten zu haben. 2008 hatten sich darüber nur 45 Prozent beklagt. ChoiceStream führt diese Zunahme nicht auf eine tatsächliche Verschlechterung der Lage zurück, sondern darauf, dass die Kunden höhere Erwartungen an Empfehlungen stellen als noch im Vorjahr. Wenig geschätzt sind Empfehlungen von Produkten, die man bei genau diesem Anbieter bereits erworben hat, nicht korrigierbare Empfehlungen auf der Basis eines vor Jahren bestellten Geburtstagsgeschenks für die siebenjährige Nichte oder allzu nahe liegende Ratschläge wie der, nach sechs *Harry-Potter*-Bänden doch auch noch den siebten zu erwerben.

Auch zu gute Empfehlungs- und Filterungssysteme können theoretisch Nachteile mit sich bringen. Google erklärte im Dezember vorauseilend, man habe nicht vor, konservativen Nutzern nur noch konservative Ergebnisse zu zeigen, sondern bemühe sich um eine lediglich individuell zugeschnittene Vielfalt von Quellen und Meinungen. Die Schere zwischen den Anbietern ist derzeit groß, und während im Hinterland noch relativ simple Lösungen zum Einsatz kommen, sind fortgeschrittene Empfehlungssysteme zu Black Boxes geworden. Die von der Netflix-Software erzeugten Empfehlungen sagen die Kundenbewertung eines Films mit großer Präzision voraus, ihre interne Logik ist aber für die Programmierer undurchschaubar geworden.

Clive Thompson beschrieb das Phänomen 2008, noch vor der Vergabe des Netflix Prize, in der *New York Times*:

»Die Ergebnisse sind manchmal einleuchtend – etwa

wenn der Computer etwas sichtbar macht, was vielleicht die Nerd-Essenz in einer Reihe von Science-Fiction-Filmen darstellt. Aber viele Kategorien sind inzwischen so undurchschaubar, dass die Logik dahinter für die Programmierer nicht mehr zu erkennen ist. Gut möglich, dass die Algorithmen Zusammenhänge finden, die so unergründlich und unterbewusst sind, dass sie den Kunden selbst gar nichts sagen würden.«

Im Zusammenhang mit Empfehlungssystemen zeichnet sich mittlerweile ab, dass *Wired*-Chefredakteur Chris Anderson mit seiner 2004 vorgebrachten These vom *long tail* richtig lag. Sie besagt, dass durch Globalisierung der Nachfrage, leichteren Zugang zu Produkten und individuelle Filterung bislang unrentable Nischenprodukte wirtschaftlich interessant werden. Josh Petersen, der an der Entwicklung von Individualisierungslösungen für Amazon beteiligt war, berichtete 2005 in einem Kommentar in Chris Andersons Blog:

»Einem Marketingmitarbeiter, der den *long tail* nicht verstanden hatte und der Meinung war, wir sollten uns stärker auf Bestseller konzentrieren, habe ich das Konzept so erklärt: Wir haben heute mehr Bücher verkauft, die gestern gar nicht liefen, als wir heute insgesamt von den Büchern verkauft haben, die gestern gut liefen.«

Die *Long-tail*-Idee ist für Angehörige von Minderheitsgeschmäckern so verlockend wie für Sektenangehörige die Vorstellung, dass sich am Jüngsten Tag schon zeigen wird, wer die ganze Zeit recht gehabt hat. Daher ist eine gewisse Skepsis im Umgang mit ihr geboten. Empfehlungssysteme führen nicht automatisch zum gesteigerten Konsum von Nischenprodukten. Kritiker stellen fest, dass die Kunden von Onlineanbietern, die Empfehlungssysteme einsetzen, zwar insgesamt mehr konsumieren, aber eben vor allem: mehr im Mainstream. Kritiker dieser Ergebnisse wiederum wenden ein, es handle sich dabei um einen Effekt schlechter Empfehlungssysteme, die die Kunden zwar zu Produkten hinsteuern, die sie sonst nicht wahrgenommen hätten, aber alle zu denselben. Die Netflix-Empfehlungen jedenfalls steigern die Umsätze an beiden Enden der Kurve, sowohl im Mainstreambereich als auch im *long tail*. Bei traditionellen DVD-Verleihern machen ältere, unbekanntere oder Independentfilme nur 20 Prozent der Umsätze aus, bei Netflix sind es 70 Prozent.

Welche Einflüsse bleiben übrig, wenn unspezifische Anpreisungen an Bedeutung verlieren? Jonah Berger und Chip Heath haben in den letzten Jahren mehrere Studien veröffentlicht, die anhand von Experimenten zeigen, dass unsere Konsumvorlieben nicht nur davon beeinflusst werden, wem wir gern ähneln wollen, sondern auch von der Überlegung, von wem wir uns absetzen müssen. Geschmack ist ein soziales Signal, und unsere Vorlieben ändern sich dann, wenn das Signal an Nützlichkeit verliert. Sobald zu viele Narren ihre Begeisterung für das entdecken, womit wir uns eben noch als Kenner ausweisen konnten, ziehen wir weiter. Würde ein Empfehlungssystem der Zukunft diesen Effekt gleich mitberücksichtigen und uns warnen, wenn die Verbreitung unserer privaten Präferenzen einen ungünstigen Punkt erreicht?

Oder treten solche Effekte in den Hintergrund, weil wir seltener mit Informationen darüber konfrontiert werden, welches Produkt – in absoluten Zahlen – wie vielen anderen Menschen zusagt? Hörer des Internetradios last.fm bleiben jetzt schon weitgehend unbehelligt vom Wissen um die Popularität ihrer Musik in der allgemeinen Bevölkerung, wenn sie sich nicht ausdrücklich um diese Information bemühen.

Außerhalb der Entwicklungsabteilungen von Onlineunternehmen haben Empfehlungssysteme bisher wenig Beachtung gefunden. Die Idee des »Besten«, das man nur korrekt zu identifizieren bräuchte, hält sich hartnäckig. Verkaufscharts beruhen darauf, dass es bis vor Kurzem keine Möglichkeit gab, etwas anderes zu messen als die Anzahl der verkauften Bücher, CDs oder Kinotickets. Das war noch nie eine besonders gute Idee, schließlich weiß der Käufer bei vielen Produkten zum Kaufzeitpunkt wenig bis gar nichts über deren Qualität. Inzwischen ist es in vielen Bereichen möglich, präziser zu erfassen, wer womit tatsächlich zufrieden war. Eines Tages werden wir Bestenlisten betrachten wie heute »Die besten Internetseiten«-Bücher der neunziger Jahre. Dass es bis dahin noch eine Weile dauern wird, liegt nicht nur an den Anbietern, die die Bündelung von Marketingmaßnahmen für Produkte im *short tail* schätzen.

Auch für den Einzelnen ist das Verallgemeinern des eigenen Geschmacks verlockend. Der Song, der mich so glücklich macht, muss diesen Effekt doch sicher auch für alle anderen haben. Selbst erfahrene Nutzer von Empfehlungssystemen, die genau wissen müssten, dass es zwischen ihren Geschmacksnachbarn und Freunden keine nennenswerten

Überschneidungen gibt, sitzen dieser Illusion immer wieder auf und lassen sich zum Aussprechen von Kauf-, Lese- oder Anhörbefehlen »an alle« hinreißen. Schließlich geht ein Teil des Problems auch schlicht auf das Festhalten an vertrauten Modellen zurück. »Das Netz quillt über von Informationen – wir organisieren die Rangreihenfolge. Das ist die Leistung, die wir bringen«, erklärte Christoph Keese, Journalist und Lobbyist der Axel Springer AG, im März 2010. Es gibt diese allgemeingültige Rangreihenfolge nicht, und dass Redaktionen eine Weile so tun durften, als gebe es sie, beruhte auf einem Mangel an besseren Lösungen, der mittlerweile behoben ist.

Dazu kommen täglich neue Ideen, Websites und Produkte, die weiterhin auf der Vorstellung einer für alle Nutzer optimalen Vorauswahl beruhen. Nur wenige Anbieter personalisierter Empfehlungen zu Musik, Filmen oder Büchern verzichten auf die prominente Platzierung der »Top-Titel«, die doch eigentlich im Widerspruch zu ihrem Geschäftsmodell steht. Auch die noch ganz jungen Follower- und Fav-Metriken bei Twitter bleiben dem althergebrachten Konzept verhaftet. Weil es leicht ist, der Twitter-Datenbank zu entnehmen, wie viele Follower (also Leser) ein Twitterer hat, gilt dieser Wert als Qualitätsmerkmal, obwohl er für den Einzelnen auf der Suche nach Lesenswertem nicht besonders aussagekräftig ist. Ähnliches gilt für die »Favs« bei Twitter oder »Likes« bei Buzz und Facebook, Bekundungen der Leser, dass ihnen ein bestimmter Beitrag gefallen hat. In den Twitter-Charts wie favstar.fm oder favcharts.de schwimmt unvermeidlich der kleinste gemeinsame Nenner der 140-Zeichen-Aphoristik nach oben. Es wäre technisch aufwendiger, aber ohne Weiteres möglich, stattdessen einen individualisierten Empfehlungsscore anzuzeigen. Das würde dem Ego des Autors weniger schmeicheln, wäre aber im Unterschied zur jetzigen Lösung tatsächlich von Nutzen für potentielle Leser.

Die Twitter-Beziehung zwischen Menschen (»to follow«) ist – anders als etwa bei Facebook – unilateral und spiegelt damit die Tatsache wider, dass ein Mensch auch im richtigen Leben das interessant finden mag, was ein anderer zu sagen hat, der andere dieses Interesse aber nicht notwendigerweise erwidert. Der Anfang 2010 eingeführte artverwandte Google-Dienst Buzz übernimmt das einseitige Followmodell von Twitter, führt aber gleichzeitig neue Probleme ein, indem er mehrere Datenströme bündelt: Wenn ein Buzz-Nutzer Updates über seine neuen Fotos, seine Twitter-Meldungen und die für ihn interessanten Links aus seinem Google Reader in den Dienst einfließen lässt, haben seine Follower nur die Wahl, alles oder nichts zu lesen. Ein interessanter Twitterer ist aber nicht automatisch auch ein guter Fotograf. Selbst innerhalb einer einzigen Ausdrucksform gibt es keine Konsistenz: Wer in der Langform lesenswerte Texte schreibt, kann in 140 Zeichen langweilen und umgekehrt.

Das ist gleichzeitig eins der Argumente, die gegen den hin und wieder auftauchenden Vorschlag eines websiteübergreifenden »Internet-Karmas« sprechen. Der Mensch ist nicht das kleinste Modul. Der zuverlässige Ebay-Verkäufer ist vielleicht andernorts ein Gliedvorzeiger, der Forentroll ein hilfreicher Berater in Fragen der Reptilienzucht, der kluge Essayist ein randalierender Blogkommentator. Es gibt keine erwünschten oder unerwünschten Personen, es gibt nur erwünschte und weniger erwünschte Verhaltensweisen.

Peter Glaser schrieb 2009 in der *Berliner Zeitung*:

»Musik, Texte, Bilder, Filme, aber auch modulare Software oder enzyklopädisches Wissen befinden sich in der digitalen Welt in einem Zustand latenter Zerlegung. Die althergebrachten kulturellen Molekülverbindungen – die komplexen Formen, die sie über Jahrhunderte angenommen haben – werden nun aufgeknackt, oder sie zerfallen von ganz alleine wieder in ihre Grundbestandteile. Der Übergang in das digitale Aggregat führt erst einmal zu einer Art Ursuppe aus Bruchstücken und atomisiertem Kulturgut, das allerdings hoch reaktionsbereit ist. Es ähnelt den freien Radikalen in der Chemie, die sich auf aggressive Weise zu verbinden suchen.«

Als Beispiele nennt er unter anderem den Zerfall des Albums in einzeln käufliche Tracks und den Zerfall der Zeitung in separat auffindbare und lesbare Artikel. Aber das Phänomen beschränkt sich nicht auf den Bereich der kulturellen Produktion. Es betrifft auch den Menschen. Filterungs- und Empfehlungssysteme sind leichter zu verstehen, wenn man das ungeordnete Konglomerat der ganzen Person ignoriert. Das gilt sowohl aus der Nutzerperspektive, wenn Empfehlungen für einen bestimmten Daseinsbereich erzeugt werden sollen, als auch aus der Außenperspektive: Welche Lebensäußerungen eines Menschen sind für dessen Umwelt in einem spezifischen Kontext von Interesse, welche nicht? Die beliebte Facebook-Option »Hide Farmville« bedeutet in anderen Worten: »Du und ich, wir sind weiterhin Freunde, aber ich möchte von deinen Erfolgen bei der Aufzucht virtueller Wassermelonen und Kälbchen nichts wissen.« Vielleicht verbirgt sich darin ja der bescheidene Keim einer Innovation.

Das Buch als Geldbäumchen

Ich war der beste Freund der Buchbranche. In meiner Kindheit herrschte Büchernot – die Stadtbücherei war nur mit dem Auto zu erreichen, alle zwei Wochen brachte man mich hin, aus pädagogischen Gründen durfte ich nicht mehr als 14 Bücher entleihen. Später lieh ich nicht mehr gern, ich kaufte lieber, und ich kaufte viel. Wenn ich es mir leisten konnte, griff ich zur bibliophilen Ausgabe. Diese Zeiten sind fort, für immer fort und ganz vergangen. Ich habe es nicht gleich bemerkt, es war ein schleichender Prozess.

Als ich 23 war, nahm das Internet allmählich Form an. Ich hörte auf, Zeitungen auf Papier zu kaufen, aber an meinem Verhältnis zu Büchern änderte sich wenig. Einige Jahre lang arbeitete ich nebenbei in einer Buchhandlung, in der ich Mitarbeiterrabatt bekam. Meine Einnahmen setzte ich in Bücher um wie ein dealender Junkie. 1998 endete diese Phase, Amazon kam nach Deutschland, und abgesehen von einigen Bahnhofs- und Flughafenkäufen betrat ich danach keine Buchhandlung mehr.

Lange Zeit kaufte ich weiterhin alles, was mir interessant erschien, aber immer mehr Regalfächer füllten sich mit Ungelesenem. Wäre ich in dieser Zeit von einem Marktforschungsunternehmen befragt worden, ich hätte keine großen Veränderungen meines Leseverhaltens zu Protokoll gegeben. Ebenso wie die Buchbranche maß ich meine Einstellung zum Bücherlesen der Einfachheit halber am Kaufvolumen. Erst als ich eines der vielen virtuellen Bücherregale benutzte, in denen Leser notieren, was sie zu lesen gedenken, gerade lesen oder beendet haben, war das Auseinanderklaffen meines Kauf- und meines Leseverhaltens nicht mehr zu beschönigen: Ich las noch knapp drei Bücher im Monat zu Ende.

Mein Interesse am physischen Besitz neuer Bücher hatte schon länger nachgelassen. Ich hatte die Erinnerung an die Zeiten des Mangels überwunden und brauchte nicht mehr in meinem Buchbesitz zu baden wie Dagobert Duck, der sich die Talerchen auf die Glatze prasseln lässt. Gleichzeitig hatten sich die Schattenseiten des Buchbesitzes bemerkbar gemacht. Obsessive Buchkäufer stehen früher oder später vor der Wahl, in eine größere Wohnung zu ziehen oder ihr Verhältnis zum Buchbesitz zu überdenken. Ich entschied mich gegen einen Umzug und überließ meine Bücher dem »Berliner Büchertisch« – zuerst die ungeliebten, danach das Mittelfeld, am Ende auch die Schätze. Wo ich früher in Nick-Hornby-Manier sortierte und umsortierte, gibt es heute keine Systematik mehr. Ich finde nichts im Regal, suche dort aber auch nichts mehr. Was ich zitieren will, schlage ich im Netz nach, selbst wenn ich das Buch noch besitze und es nur ein paar Schritte zum Regal wären.

Der Autor Cory Doctorow schrieb 2006 in *Forbes*: »Die meisten Menschen sind keine Leser und werden nie welche sein – aber wer ein Leser ist, wird immer einer bleiben, und diese Menschen hängen am bedruckten Papier wie Fetischisten.« Mag sein, dass Leser immer Leser bleiben, schließlich bringe ich wie vor 20 Jahren den größten Teil des Tages mit Texten zu. Aber das Papier als Material wie auch das Buch als

Form haben ihren Reiz für mich weitgehend verloren. Und wenn ich das Interesse am Buch verlieren konnte, dann ist niemand davor gefeit.

Spekulationen über die Zukunft des Buchs, die sich nur mit der Umstellung vom analogen auf den digitalen Konsum beschäftigen, greifen daher zu kurz. Die Stellungnahmen aus der Buchbranche handeln vom E-Book als ergänzender Darreichungsform derselben Inhalte wie bisher, die auf dieselbe Art, aus denselben Gründen und in denselben Situationen gekauft und konsumiert werden sollen. Das eigentliche Thema aber wären Veränderungen der Lesegewohnheiten, der Gründe für Buchkäufe, der sozialen Bedeutungen von Buchlektüre und -besitz. Dass das E-Book-Geschäft in Deutschland im Jahr 2010 allmählich in Gang kommt, ist nur ein Aspekt schon länger stattfindender Umwälzungen, die über die Papierfrage hinausgehen.

Es gäbe Präzedenzfälle, an denen man erkennen könnte, dass Argumente wie jenes vom Wohlgeruch neuer Bücher oder vom Sand, der nach dem Urlaub aus den Seiten zu rieseln habe, langfristig nur eine kleine Käuferschicht beschäftigen. Sowohl die Leser als auch die Werbekunden von Zeitungen und Zeitschriften hingen weniger als gedacht an den gewohnten Inhalten in der gewohnten Darreichungsform. In der Musikindustrie stellte sich heraus, dass der Wunsch der Kunden nach dem Plattencover als Kunstform, nach ganzen Alben, unkomprimierten Datenformaten, persönlicher Beratung, dem »warmen Klang« von Vinyl oder dem physischen Besitz von CDs nicht so ausgeprägt war, wie man angenommen hatte. Auch die Buchbranche lebt nicht in erster Linie vom Verlangen der Leser nach dem haptischen Papiervergnügen, nicht vom Wunsch nach dem spezifischen Format »Buch« und noch nicht einmal vom Wunsch der Käufer, überhaupt Bücher zu lesen. Falls Verleger, Autoren, Buchhändler und Branchenverbände sich dessen bewusst sind, lassen sie es sich zumindest in der Öffentlichkeit wenig anmerken.

In der Debatte um die Zukunft des Buchs tauchen maximal zwei Gründe für den Kauf von Büchern auf: der Wunsch nach Unterhaltung und der nach Information. Aber Bücher erfüllen mehr als eine Funktion, und das nicht nur, weil ein Reiseführer anderen Zwecken dient als ein Roman. Häufig geht mit dem Kauf die Illusion einher, man eigne sich mit dem Papier auch gleich die Inhalte an; ein Buchkauf kann gefühlt die Lektüre vollständig ersetzen. Bücher dienen als Geschenk, sie zieren die Wohnung, sie verleihen Status, sie helfen bei der Identitätskonstruktion, sie werden aus schlichter Gewohnheit erworben, aus Sammeltrieb, um des Kaufvergnügens willen oder weil der Leser sich dem Autor näher fühlen möchte. Alle diese Funktionen reagieren unterschiedlich auf Veränderungen der Rahmenbedingungen.

Sobald das Lesen nicht mehr zwingend ein physisches Medium erfordert – und das ist schon seit vielen Jahren der Fall –, wird das Besitzen von Büchern uninteressanter. Wenn das Bücherregal nur noch unvollständig abbildet, was der Inhaber alles gelesen hat, weil ein Großteil dieser Lektüre ebenso in papierloser Form stattgefunden haben kann, lässt seine Attraktivität als Einrichtungsgegenstand nach. Unter anderem aus diesem Grund war das private Horten und Zurschaustellen bei Filmen noch nie eine weit verbreitete Praxis. Filmbesitz in größerem Umfang war und ist eine Sache für Spezialisten. Der Besitz von Büchern wird es in absehbarer Zeit wieder werden.

Zum Anstoßen eines solchen Wandels in der Inneneinrichtung genügt es schon, wenn das Interesse anderer Menschen am Buchbesitz nachlässt. Die ökologische Nische der Selbstdarstellung via Bücherregal wird von der Selbstpräsentation im Internet gefüllt, die zu geringeren Kosten viel feinere Differenzierungsmöglichkeiten eröffnet. Das betrifft sowohl die Selbstdarstellung anderen gegenüber als auch die Vergewisserung über die eigene Identität. »Zwischen 20 und 28 war ich sehr stolz auf meine Bücher«, schreibt mein Koautor Aleks Scholz,

»damals hatte ich noch kein Internet zu Hause. Ich stand oft abends davor, ging an ihnen entlang und sie gefielen mir. Dann nahm ich eines heraus und las darin, nach genussvollem Auswahlprozess. Die Bücher waren eine Verlängerung meiner Persönlichkeit, sie trugen zu dem bei, was ich sein wollte. Ich habe sie im Wesentlichen gekauft, weil ich jemand sein wollte, der diese Bücher besitzt. Seit meinem Umzug nach Kanada hatte ich kein Buch mehr bei mir. Ich habe sie nie vermisst.«

Auch meine Bücherregale haben ihre Funktion als Verlängerung und konkrete Materialisierung meiner Persönlichkeit und Vergangenheit im Laufe der letzten zehn Jahre eingebüßt. Ist der Nimbus einmal dahin, bleiben einige Kubikmeter Zellulose zurück. Das Bücherregal gerät also an mehreren Fronten unter Beschuss. Eines Tages wird man es betrachten wie heute das wändefüllende Schallplattenregal: als exzentrisches, ein wenig rückwärtsgewandtes und beim Umzug beschwerliches Wohnaccessoire.

Bis diese Entwicklung eine breite Masse erfasst, mag es noch ein paar Jahre dauern, aber die ersten Bücher verlassen das sinkende Regal. Die Betreiber eines Londoner Antiquariats klagten im September in ihrem Blog bookride.com: »Es gibt schon seit einigen Jahren ein Überangebot, das sich 2010 zu einer wahren Bücherschwemme entwickelt hat.« Selbst Bücher, die die Inhaber kostenlos vorbeibringen wollten, würden nicht mehr angenommen.

»Ich frage mich manchmal, was aus den Büchern wird, die wir ablehnen, und mache mir Sorgen, dass demnächst alle Wohlfahrtsläden, Flohmärkte und Trödelläden voll sind und Bücher so unverkäuflich werden wie alte Videokassetten. Ein Vergleich mit dem Übergang von der LP zur CD trifft es vielleicht besser; damals jedenfalls wurden riesige Plattensammlungen abgestoßen.«

Der Wunsch nach digitalem Buchbesitz ist ebenso wenig selbstverständlich. Beim Filmangebot von iTunes hat der Nutzer die Wahl zwischen Kauf und Ausleihe, wobei die günstigere Leihversion nach 30 Tagen wieder vom Rechner des Nutzers verschwindet. Wenn es um die Frage geht, ob dem Leser digitaler Texte ein vorübergehendes oder dauerndes Zugriffsrecht nicht auch genügen würde, ziehen sich Befürworter des Buchbesitzes auf das Sicherheitsargument zurück: Als physischer Eigentümer eines Buchs oder einer

Datei ohne DRM-Einschränkungen sei man sicher vor Insolvenzen der Anbieterplattform und vor Rückrufaktionen wie 2009, als Amazon bezahlte Bücher per Fernzugriff von den Kindles seiner Kunden löschte. Beim Gutenberg-Projekt, kommentierte die Bürgerrechtsorganisation Electronic Frontier Foundation seinerzeit, könne man Bücher herunterladen, die sich nicht um Mitternacht in einen von Mäusen gezogenen Kürbis verwandelten. Bei aller Schönheit der Kürbismetapher bleibt es doch ein Argument für dieselbe überschaubare Zielgruppe, die Notstromgeneratoren kauft und ihr Geld nicht zur Bank bringt.

Nicht nur das Kauf- und Besitzverhalten, auch die Lesepraktiken ändern sich durch die Digitalisierung. Beim öffentlichen Lesen spielt die Überlegung, ob man sich mit einem Titel wie *Männer sind anders. Autos auch.* blicken lassen kann, keine Rolle mehr, wenn die Außenwelt nur das Lesegerät zu sehen bekommt. Dasselbe gilt umgekehrt für ein Leseverhalten, wie Wolfgang Herrndorf es 2001 im »Hasenfuß«-Raben beschrieb: »Gerade hier in Ostberlin ist das Kneipenlesertum unangenehm verbreitet. Ich habe schon Leute gesehen, die bei Kerzenschein und großem Tumult drei Stunden Adorno vortäuschten.« Vielleicht werden sich – auch hier wieder parallel zum Film – Konsumgewohnheiten durchsetzen, die weniger Rücksicht als bisher auf einen offiziellen Kanon nehmen, weil sie den Blicken der Öffentlichkeit entzogen sind.

Ein weiterer Aspekt, dem die Selbstverständlichkeit abhandenkommt, ist unabhängig vom analogen oder digitalen Substrat des Buchs das lange Textformat. Es gelingt mir kaum mehr, ein Sachbuch zu Ende zu lesen. Da es immer noch vorkommt, dass ich Bücher mit derselben Konzentration und Begeisterung wie früher lese, neige ich nicht zu Nicholas Carrs These, dass das Internet mein Gehirn erweicht hat. Ich bin lediglich ungeduldiger geworden, und diese Ungeduld hat verschiedene Gründe. Vor allem meine Toleranz für Füllmaterial in Texten hat internetbedingt nachgelassen. Da ein Buch eine bestimmte Mindestlänge haben muss, ist Füllmaterial im Buch gebräuchlicher als in Onlineveröffentlichungen. Die Ideenmenge in einem handelsüblichen Sachbuch scheint mir der von etwa drei bis zehn Blogbeiträgen zu entsprechen, und dass der Autor für das Buch Geld bekommt, für die Blogbeiträge aber nicht, überzeugt mich in meiner Rolle als Autor, aber nicht in meiner Rolle als Leser, dessen Tag nur 24 Stunden hat.

Bei Onlinetexten gilt die Empfehlung »Do what you do best and link to the rest«, während Sachbuchautoren viele Seiten mit Zusammenfassungen anderer Texte füllen, auf denen ihre eigene Argumentation aufbaut. Sachtexte versuchen oft umständlich etwas zu leisten, was ein Foto, eine Grafik, eine Animation oder ein Video besser könnten. Für aktuelle Themen eignet sich das Buchformat wegen der langen Vorlaufzeiten nicht besonders gut, und das gilt umso mehr, wenn es sich wegen der entfallenden Lagerkosten bei digitalen Texten stärker als bisher lohnt, bereits beim Schreiben auf längeres *shelf life* zu setzen.

Das Internet wildert im Revier des Buchs, aber es sind die hinkenden Herdenmitglieder, die ihm dort zum Opfer fallen. Zusätzlich sind im Netz neue Textformate entstanden, für die es gar keine kommerziellen Veröffentlichungsmöglichkeiten gab und gibt: extrem umfangreiche Projekte, aber auch Texte, die zu lang für Zeitschriften und zu kurz für Bücher sind. Blogs erlauben die jahrelange, schrittweise, nonlineare Vertiefung eines Themas. Angesichts dieser Konkurrenz der Formate ist die Buchform begründungsbedürftiger geworden.

Während hier Praktiken verschwinden, tauchen da neue Optionen auf. Digitale Texte werden unter anderem einige Lücken in der Erforschung des Leserverhaltens schließen. Im Unterschied etwa zur CD, deren Inhalt die meisten Käufer beim Bezahlen bereits kennen, kaufte man Bücher bisher nach dem Katze-im-Sack-Prinzip. Hauptmetrik der Branche sind daher aus Mangel an Alternativen die Verkaufszahlen. Ob ein gekauftes Buch überhaupt gelesen wird und wie zufrieden der Leser mit seinem Kauf ist, sind unbekannte Größen.

Momentan leben durchschnittliche Buchkäufer und Amazon-Rezensenten noch in zu unterschiedlichen Welten, als dass man auf Amazon-Basis Aussagen über die allgemeine Käuferzufriedenheit treffen könnte. In der Amazon-Kindle-Bestsellerliste zeichnet sich jedenfalls ab, dass eine Platzierung in den 100 meistverkauften Büchern mit überraschend schlechten Durchschnittsbewertungen einhergehen kann. Jonathan Franzens *Freedom* hatte dort im Oktober 2010 drei von fünf Sternen, Ken Folletts *Fall of Giants* brachte es nur auf zwei Sterne, jeweils bei einer hohen dreistelligen Anzahl von Bewertungen. Sobald sich Buchkäufer und Buchbewerter demographisch stärker überschneiden und es eine einfache, verbreitete Möglichkeit gibt, Kaufzufriedenheit ohne Rezension zum Ausdruck zu bringen, wird man mehr darüber erfahren.

Ähnliches gilt für den Zusammenhang zwischen Kaufen und Lesen. Amazon stellt mittlerweile zu allen Kindle- und vielen Papierausgaben ein Kapitel als Leseprobe zur Verfügung; einige Anbieter experimentieren mit *pay by chapter*. Da ein vermutlich nicht ganz kleiner Anteil aller gekauften Bücher nie zu Ende gelesen wird, liegt es aus Nutzersicht nahe, nur für das zu bezahlen, was man tatsächlich liest – insbesondere wenn der zierende Effekt des ungelesenen Buchs im Regal wegfällt. Der iTunes Store bietet bei Fernsehserien erfolgreich beide Optionen an: Wer sich nicht ganz sicher ist, ob sein Enthusiasmus eine ganze Staffel lang vorhalten wird, kann zu einem fast identischen Preis nach und nach alle Einzelfolgen erwerben. In einer nicht sehr fernen Zukunft wird man zum ersten Mal messen können, was Leser eigentlich lesen, und nicht nur, was sie kaufen. Vermutlich wird sich herausstellen, dass es *Buy-only*-Bücher gibt, die grundsätzlich nicht gelesen werden, und dass Politiker-Autobiographien, Klassiker-Gesamtausgaben und Bücher von TV-Prominenten in diese Kategorie gehören.

Man mag einwenden, dass das Messen von Einschaltquoten im Fernsehen bisher nicht gerade der Qualitätssteigerung gedient hat. Dass Autoren andere erste Kapitel schreiben werden als bisher und sich womöglich verlockt sehen, jedes Folgekapitel mit einem Cliffhanger zu versehen. Andererseits ist vieles von dem, was heute zur Kanonliteratur zählt, ursprünglich ebenfalls in Fortsetzungen erschienen.

Und man tut dem Buch keinen Gefallen, wenn man es ganz offiziell als Kauf-, Verschenk- oder Statusobjekt und nur nebenbei als Unterhaltungsmedium interpretiert.

Was sich vermutlich noch länger der Erforschbarkeit entziehen wird, ist hingegen die Frage, ob wirklich (Achtung, erfundene Statistik) neun von zehn verschenkten Büchern ungelesen bleiben. Derzeit werden 25 Prozent aller verkauften Bücher als Geschenk erworben. Die schlechte Signier-, Einpack- und Verschenkbarkeit von E-Books lässt es plausibel erscheinen, dass sich gerade diese 25 Prozent noch lange im Print halten, umso mehr, wenn die Buchbranche sich eines Tages dazu durchringt, Kombipakete aus Papier- und digitalen Versionen anzubieten. Das gedruckte Buch hätte dann eine Funktion analog zu den Geldbäumchen und anderen Bastelerzeugnissen aus Geldscheinen, die bei Hochzeiten beliebt sind, weil sie Geldgeschenke weniger abstrakt erscheinen lassen.

Nicht nur die Darreichungsformen und -praktiken, auch die Texte selbst verändern sich, sowohl in ihrem Entstehungsprozess als auch in ihren Schnittstellen zum Leser. Der Unterschied zwischen »Internet« und »Buch« ist nicht in Stein gemeißelt. Eine von vielen naheliegenden Ausbaumöglichkeiten ist das soziale Lesen. Funktionen, die über die Kindle-Ansicht der Stellen hinausgehen, die andere Leser markiert haben, werden das gemeinsame Lesen und Kommentieren von Büchern ermöglichen. Wo das Angebot sich heute auf Fußnoten des Autors, der Übersetzer oder der Herausgeber beschränkt, könnten Leser selbst Korrekturen, Kommentare und Ergänzungen anbringen und die anderer

Leser einsehen. (Wenn Sie an dieser Stelle gern am Rand kommentieren würden, dass Sie keine Lust auf die Kommentare des ungewaschenen Pöbels haben, die Sie aus der Onlineausgabe Ihrer Tageszeitung kennen, denken Sie sich bitte meine Entgegnung dazu, dass dieses Problem durch Filter zu lösen ist: Wir brauchen Optionen wie »Nur die Beiträge meiner Freunde«, »Alle Kommentare von Stephen Fry« oder »Nur Beiträge, die mit fünf Sternen bewertet wurden«.)

Michel Chaouli beschrieb 2009 im *Merkur* (Nr. 721) seinen verwandten Wunsch nach einem »Literaturequalizer«, mit dem sich unter anderem überflüssige Adjektive herunterregeln und Beschreibungen raffen lassen. Er spricht von der Erkenntnis, »dass das, was wir für spezifische Merkmale der Literatur halten, in Wirklichkeit Merkmale des spezifischen Mediums Buchdruck sind«. Ebenso wie das oben angesprochene *Pay-by-chapter*-Verfahren böten konzeptuelle Erweiterungen des Buchformats nebenbei Hoffnung auf eine Lösung des Preisbindungsproblems.

Kurzer Exkurs zur Buchpreisbindung: Sie dient offiziell der Sicherstellung einer flächendeckenden Versorgung mit möglichst diversifizierten Buchhandlungen. Im Zusammenhang mit dem jederzeit und überall verfügbaren E-Book ist dieses Konzept erstens sinnlos, zweitens wird es den stationären Buchhandel nicht retten. Ein Vergleich aus der Musikbranche: In den achtziger Jahren gab es in Deutschland über 20 000 Musikverkaufsstellen, von denen heute noch knapp zehn Prozent existieren. Selbst wenn man in der Zeit zurückreisen könnte, um die strategischen Fehler der Musikindustrie auszubügeln, wären diese Läden durch nichts zu erhalten. Dem stationären Buchhandel steht dieselbe Entwicklung aus denselben Gründen bevor, und die Buchpreisbindung wird daran wenig ändern. Gleichzeitig behindert die Preisbindung die Entwicklung des E-Book-Markts, wie auch Branchenvertreter bereitwillig zugeben. Dass die deutschen E-Book-Preise auf dem Niveau der billigsten Printausgabe – bei Neuerscheinungen entspricht das dem vollen Hardcoverpreis – oder wenige Prozent darunter liegen, ist Lesern kaum zu vermitteln.

Aber wenn sich das Buch von seiner gewohnten Form entfernt, entwächst es auch den Beschränkungen durch die Buchpreisbindung. Explizit von der Preisbindung ausgenommen ist nämlich sowohl der Vertrieb einzelner Buchkapitel als auch die »Online-Nutzung von vernetztem Content«. Das ist nicht nur eine theoretische Möglichkeit; die Fachbuchplattform paperc.de funktioniert schon seit 2008 nach diesem Prinzip: PaperC (kurz für *pay per copy*) bietet unbehelligt von der Buchpreisbindung Lesezugriff auf einige tausend aktuelle Fachbücher und kooperiert mit über 50 Verlagen. Kostenpflichtig sind lediglich Zusatzfunktionen wie das Drucken, Kopieren oder Kommentieren der Texte.

Die Welt – oder jedenfalls der Teil der Welt, der sich mit Texten befasst – wird durch diese Veränderungen weder besser noch schlechter. Manches wird einfacher, anderes schwieriger, Geschäftsmodelle entstehen und vergehen, und oft genug findet das alles im selben Menschen statt. Meine Lage als Leserin hat sich in jeder Hinsicht verbessert, während meine berufliche Zukunft als finanziell von der Printbranche abhängige Autorin ungewiss ist. Wenn ich mit Angehörigen des Buchgewerbes über diese Veränderungen spreche, gibt es im Großen und Ganzen drei Reaktionen: »Das passiert nie«, »Das passiert noch lange nicht« und »Egal, bis dahin bin ich in Rente«. Aber eine Zuneigung zum Text, ein Interesse für die Geschicke des Buchs bedeutet eben nicht nur, dass man gern an Neuerscheinungen riecht. Wer im Angesicht von Veränderungen die Augen zukneift, die Finger in die Ohren steckt und »Lalala!« ruft, der ist dem Buch ein schlechterer Freund als ich mit meinen leeren Regalen.

Sümpfe und Salons

»Jedem, der wachen Auges durch das Internet streift, ist die antiintellektuelle Hetze in den Kommentaren vertraut, die sich gegen angeblich Sperriges richtet, gegen kühne Gedanken, gegen Bildung überhaupt. Man lese nur jene höhnischen Nutzerbeiträge, die sich als Wurmfortsatz unter einem typischen Feuilletonartikel finden.«

So schrieb Adam Soboczynski im Juni 2009 unter dem Titel »Das Netz als Feind. Warum der Intellektuelle im Internet mit Hass verfolgt wird« in der *Zeit*.

Obwohl es wenig Sinn hat, Behauptungen über »das Netz« aufzustellen, ist nachvollziehbar, wie man zu diesem Eindruck gelangen kann. Mir ist kein Ort im deutschsprachigen Internet bekannt, an dem eine konstruktive Kommentarkultur herrscht, und auch befragte Freunde zuckten nur die Schultern. Am »Netz als Feind« liegt es nicht, denn im englischsprachigen Bereich gibt es Orte, an denen die Kommentare lesenswerter sind als der kommentierte Beitrag. Bei einigen Angeboten* lese ich die Kommentare grundsätzlich vor den Artikeln, und die Praxis scheint so verbreitet zu sein, dass sich dafür analog zu RTFM (»read the fucking

---

* Dieser Beitrag enthält keine Leseempfehlungen, dazu vollzieht sich der beschriebene Verfall zu schnell. Vor fünf Jahren hätte ich die Nachrichtenaggregationssite Reddit empfohlen – und es kurze Zeit später bereut. Was ich heute mit Gewinn lese, wird schon kurz nach Erscheinen des Beitrags seinen Nutzwert verlieren.

manual«) in Diskussionen die Aufforderung RTFA, »erst mal den Artikel lesen«, etabliert hat.

Wenn Autoren die Qualität der Kommentare unter ihren Texten beklagen, ist das in der Sache nicht falsch, die Vermutungen über Ursachen und Abhilfe sind aber oft unterkomplex. Im Zusammenhang mit den Kommentarforen von Printveröffentlichungen, aber auch vieler Onlinemedien herrscht die hinderliche Vorstellung, es gebe hier den feinsinnigen, gebildeten Autor und dort das Kommentarproletariat, dem man notgedrungen ein Ventil für seine Meinung geben müsse, es sei jetzt halt so die Mode. In diesem Glaubenssystem sind langweilige, dumme und bösartige Kommentare unvermeidlich. Dass Ausnahmen von der Misere existieren, deutet aber darauf hin, dass niedrige Beitragsqualität ein selbstgemachtes Problem ist. Konstruktive Beiträge entstehen nicht von allein, und auch nicht nur, weil ein Anbieter sie sich wünscht.

Man kann den Betreibern von Kommentarforen, Communities und anderen Kommunikationsangeboten aber höchstens mittelgroße Vorwürfe machen. Die technischen Voraussetzungen für den Meinungsaustausch mit Menschengruppen, die nicht mehr an einen Kneipentisch passen, gibt es noch nicht lange. Außerhalb spezialisierter Nerdkreise hatte niemand länger als 10 bis 15 Jahre Zeit, um Erfahrungen mit der Förderung und Erhaltung konstruktiver Kommunikation in großen Gruppen zu sammeln. Es ist keine Überraschung, dass zentrale technische wie soziale Probleme ungelöst sind.

Die erste Aufgabe, vor der Gründer einer Kommunikationsplattform stehen, ist die Beschaffung einer passenden Starterkultur; aus einem Sumpf wird nie mehr ein Salon. Häufig rekrutieren die Betreiber dazu ihren Freundeskreis oder schon vorhandene Autoren. Eine einigermaßen homogene und überschaubare Gruppe bringt in diesem quasi vorgesellschaftlichen Zustand meistens auch ohne ausgefeiltes Regelwerk eine zivile Form des Austauschs hervor. Schon an diesem Punkt scheitern viele Gemeinschaften an fehlendem Beteiligungsinteresse oder werden von Nutzern mit einer ganz anderen Agenda als geplant besiedelt. Trotzdem ist der erste Schritt noch vergleichsweise einfach.

Wenn er gelingt und eine produktive Diskussionskultur entsteht, wird schon ab einer relativ kleinen Gruppengröße Moderation unumgänglich. Das Erreichen dieser Schwelle ist ein schwieriger Moment, denn zuerst muss das Problem erkannt und akzeptiert werden, und vor dem Festlegen der Regeln muss irgendjemand die Regeln des Gesetzgebungsprozesses festlegen. Man müsste zuerst einmal über die Abstimmung abstimmen, aber wer soll an der Abstimmung über die Abstimmung teilnehmen? Auch halbwegs demokratische Systeme formen sich unter zweifelhaften Umständen, und die hier getroffenen Entscheidungen sind oft Anlass für jahrelang schwärende Konflikte.

Wächst die Gemeinschaft erfolgreich, steht sie über kurz oder lang vor dem Problem, dass die Regeln, die für eine kleine Gruppe gut funktioniert haben, nicht mitskalieren. Das Phänomen wird oft als »Eternal September« bezeichnet, benannt nach dem September 1993, als AOL seinen Kunden den Zugang zum Universitätsangehörigen vorbehaltenen

Usenet öffnete. Bis dahin war nur der September mit seinem Zustrom tölpelhafter Studenten ein schwieriger Monat gewesen, und bis zum Oktober hatten die Neulinge gelernt, sich im Netz zu bewegen.

AOL und Usenet sind mehr oder weniger Geschichte, aber der Eternal September wird für jeden neu erschlossenen Internetkontinent wieder heraufbeschworen. Mit wachsender Teilnehmerzahl wird es für Moderatoren und andere Interessierte schwieriger, neue Nutzer mit den geschriebenen und ungeschriebenen Regeln der Gemeinschaft vertraut zu machen. Die durchschnittliche Beitragsqualität sinkt, das Verhältnis von Signal und Rauschen wird ungünstiger. Wer sich stärker für Inhalte interessiert als für Sozialgeräusche, zieht sich in diesem Stadium zurück, was die Plattform wiederum für andere Teilnehmer unattraktiver macht. Dieser Prozess läuft weiter, bis der kleinste gemeinsame Nenner erreicht ist; Beispiele für die Revitalisierung umgekippter Biotope im Internet sind mir nicht bekannt.

Freiwillig oder unfreiwillig klein bleibende Gemeinschaften vermeiden diese Probleme und handeln sich dafür andere ein. Wie bei Beziehungen gibt es auch bei neuen sozialen Kreisen eine Phase der Frischverliebtheit, in der sich die Teilnehmer von ihrer besten Seite zeigen. In den ersten Monaten oder Jahren einer Onlinegemeinschaft befinden sich alle Teilnehmer gleichzeitig in diesem Zustand. Später bildet sich eine phasenverschobene Mischung aus Neuzugängen und Alteingesessenen. Wenn Letztere zu stark überwiegen, legen alle die Füße auf den Tisch, der Diskussionsstandard verfällt, und der Mangel an Nachwuchs führt zu geistiger

Stagnation. Eine solche Zombie-Community kann noch lange weiterexistieren, aber sie ist nur noch eine leere Hülle.

Selbst wenn eine Gemeinschaft anfangs gut funktioniert, lässt die Qualität der Auseinandersetzung im Laufe der Zeit nach. Das muss kein Naturgesetz sein, dazu ist das Internet noch zu jung, aber in den letzten Jahren standen Betreiber und Nutzer immer wieder vor denselben Problemen, und entsprechend viel wurde im Trial-and-Error-Verfahren daran gearbeitet.

Die naheliegenden Lösungsansätze haben sich dabei als Sackgasse erwiesen oder bringen unerwartete Nebenwirkungen mit sich. Eine der hinderlichsten Ideen ist die, das Problem seien bestimmte Personen oder Gruppen, die man nur draußen zu halten brauche. Fast jeder mir bekannte Mensch einschließlich meiner selbst hat sich bereits in Internetdebatten versehentlich oder mutwillig destruktiv betätigt, wenn die Umstände dazu einluden. Vielleicht ist mein Umfeld von ungewöhnlich großer Verkommenheit, eher aber wäre es Zeit für eine Wiederaufnahme des klassischen *Stern*-Titelbilds: »Wir haben getrollt!«

Dass das menschliche Benehmen stark von Rahmenbedingungen, Erwartungen und sozialem Druck abhängt, ist außerhalb des Netzes schon seit einiger Zeit bekannt. Das Problem sind nicht die falschen Leute, sondern Nutzer wie alle anderen, die in einem bestimmten Biotop das falsche Verhalten an den Tag legen. Es gibt Plattformen mit albernen Themen und hoher Beitragsqualität ebenso wie Intellektuellenmagazine, in deren Kommentarabteilungen ganztags nur gerülpst wird; Betreiber können sich also nicht darauf berufen, das Thema ihres Angebots oder die Persönlichkeitsstruktur ihrer Leser sei schuld am niedrigen Niveau.

Das am häufigsten vorgeschlagene und umgesetzte Mittel zur Erhöhung der Beitragsqualität ist die erzwungene Anmeldung. Es klingt naheliegend, dass eine Registrierung Nutzer zu manierlicherem Verhalten bewegt, aber die Tatsachen sprechen nicht dafür. Im japanischen 2channel, dem mit mehreren Millionen Beiträgen pro Tag größten Internetforum der Welt, gibt es weder Realnamen noch Pseudonyme; alle Nutzer sind vollständig anonym. Der Gründer Hiroyuki Nishimura erklärte in einem Interview:

»Wenn die Nutzer Namen haben, arten Diskussionen schnell in Schlammschlachten aus. In einem anonymen System weiß man bei Kritik an den eigenen Beiträgen nicht, über wen man sich ärgern soll. Wenn es Benutzernamen gibt, neigen die alteingesessenen Nutzer dazu, immer mehr Autorität anzuhäufen, und es wird immer schwieriger, eine abweichende Meinung zu vertreten. In einem vollständig anonymen System kann man Langweiliges auch langweilig nennen. Alle Informationen sind gleichberechtigt, und nur präzise Argumente bringen einen weiter.«

Totale Anonymität macht es schwierig bis unmöglich, Beiträge nur des Autors wegen positiv zu bewerten oder auf Teilnehmern herumzuhacken, die weiter unten in der Hackordnung stehen.

Der gängige Einwand gegen vollständige Anonymität lautet, dass sie die Teilnehmer zu Beleidigungen und destruktivem Verhalten anstiftet. Dasselbe passiert aber auch überall dort, wo Anmeldungszwang herrscht. Zweit-, Dritt- und

Fünfzehntpseudonyme sind so gebräuchlich wie unvermeidlich, und wenn jeder Nutzer mehrere Strohmänner betreibt, greifen weder negative Sanktionen für destruktives Verhalten noch positive für konstruktive Beteiligung. Moderation ist beim Einsatz von Pseudonymen ebenso unumgänglich wie bei anonymer Teilnahme, und manche Betreiber berichten sogar von sinkendem Blödsinnsanteil nach Abschaffung der Registrierungspflicht. Es gibt keine Einstiegsbarrieren, die ausschließlich die unerwünschten Nutzer fernhalten.

Im ungünstigsten Fall schreckt die Barriere gerade diejenigen stärker ab, die man eigentlich anlocken wollte. In diese Kategorie gehört der immer wieder vorgebrachte Vorschlag, für eine Anmeldung in Communities und insbesondere Kommentarforen einen kleinen Geldbetrag zu verlangen, um so Narren und Mehrfachpseudonyme draußen zu halten. Wer provozieren, besserwissen oder Verschwörungstheorien verbreiten möchte, hat immer die stärkere Motivation auf seiner Seite. Gerade diejenigen Nutzer, die Lesenswertes mitzuteilen hätten und dafür auch anderswo geschätzt würden, haben am wenigsten Grund, für die Beteiligung an einer Diskussion Geld zu bezahlen. Der Filter fördert also eventuell gerade diejenigen, die er abschrecken sollte. Außerdem beschleunigt jede Erhöhung der Zugangsschwellen die Erstarrung der Gemeinschaft durch Nachwuchsmangel. Gegen den allmählichen Sittenverfall unter einmal angemeldeten, legitimen Nutzern richtet sie gar nichts aus.

Aussicht auf dauerhafte Erhaltung der guten Sitten versprachen Karmasysteme, die sich in den letzten zehn Jahren weit verbreitet haben. Dabei sammeln die Nutzer Punkte für erwünschtes Verhalten und büßen sie ein, wenn sie sich danebenbenehmen. Das geschieht zum Teil automatisch, zum Beispiel für das Schreiben von Beiträgen oder das Beisteuern von Links, vor allem aber können andere Nutzer oder Moderatoren ihre Stimme abgeben wie bei Facebooks »Gefällt mir«. Ein Nachteil der Karmaidee ist, dass gerade die für hilfreiches Verhalten vorgesehenen Belohnungen dazu beitragen, in bis dahin nützlichen Mitgliedern der Gesellschaft Machtstreben und Bürokratiebegeisterung zu wecken. Wer genügend Punkte gesammelt hat, bekommt mehr Einfluss und darf dann zum Beispiel die Beiträge anderer in der Versenkung verschwinden lassen. Die Versuchung ist groß, diesen Einfluss für eine private Agenda zu nutzen.

Außerdem übt die Manifestation sozialen Erfolgs in Zahlenform auf die meisten Menschen wenigstens vorübergehend eine spielautomatenartige Wirkung aus. Egal, was gemessen wird und wie sinnlos die Metrik ist – das Gemessene wird sofort zum eigentlichen Handlungsziel, und der Schwanz fängt an, mit dem Hund zu wedeln. Gleichzeitig steigt damit der Drang, Abkürzungen zu diesem Ziel zu nehmen. Der Satz des Ökonomen Peter Drucker »What gets measured gets managed« bedeutet eben auch, dass es das Gemessene ist, an dem sich die Ziele ausrichten. Da es in sozialen Systemen selten möglich ist, direkt dasjenige Verhalten zu messen, das man fördern möchte, belohnen Karmasysteme meistens nicht den konstruktiven Beitrag, sondern schnelle Antworten, schäbige Scherze oder opportunistisches Verhalten. Neben dieser unbeabsichtigten Verschiebung der Handlungsziele sind Karmasysteme anfällig für aktiven Betrug.

Werden die Karmapunkte einer Person zugeordnet anstatt einer Leistung, führt das dazu, dass Personen im Mittelpunkt der Gemeinschaft stehen und nicht Inhalte oder Praktiken. Zum einen gefährdet es das ganze System, wenn diese Personen dann eines Tages das Interesse verlieren oder im Streit gehen. Zum anderen trägt der entstehende Personenkult zur Elitebildung und damit zur allmählichen Einengung des Diskussionsspielraums bei, wie Nishimura sie beschreibt.

Die Einsicht, dass es keine »richtigen« Nutzer gibt und dass auch die konstruktivsten Mitglieder einer Gemeinschaft bessere und schlechtere Tage haben, hat zumindest an manchen Stellen des Netzes komplexe Moderationsverfahren hervorgebracht. Die 1997 entstandene Nerd-Nachrichtensite bewältigt mithilfe eines gewachsenen Moderationssystems ein enormes Kommentarvolumen. Jeder Nutzer kann selbst einstellen, ab welcher Bewertungsgrenze Kommentare für ihn sichtbar werden und ob er anonyme Beiträge sehen möchte oder nicht. Schlechtere Beiträge werden nicht entfernt, sie sind nur nicht mehr auf den ersten Blick sichtbar. Eine solche transparente Filterung verhindert, dass Moderatoren unbeobachtet ihre Macht missbrauchen, und bewahrt gleichzeitig die Nutzer vor Verschwörungstheorien über diese Moderatorenmacht.

Regelmäßige Leser, die sich nicht allzu auffällig danebenbenommen haben, werden nach dem Zufallsprinzip hin und wieder für kurze Zeit zu Moderatoren befördert. Zusätzlich gibt es ein Metamoderationssystem, bei dem Nutzer die Fairness von Moderationsentscheidungen bewerten können. Alle Elemente des Systems sind darauf ausgelegt, Machtmissbrauch, Willkür und die Arbeitsbelastung einzelner Moderatoren zu reduzieren.

Natürlich kommt es vor, dass interessante Kommentare unterhalb der Sichtbarkeitsschwelle bleiben, weil sie nicht der herrschenden Meinung entsprechen. Ungelöst ist auch das grundsätzliche Problem, dass einerseits differenziertere Begründungen für die Bewertung von Beiträgen wünschenswert wären, weil ein vergebener Pluspunkt sonst zu oft nur »Ich teile diese Meinung« anstatt »Der Beitrag bringt die Diskussion voran« bedeutet. Andererseits stimmen Nutzer nicht gern ab, wenn diese Abstimmung zu viel Mühe verursacht.

Eine Variante ist die »passive Moderation« durch technische Mittel analog zum E-Mail-Spamfilter. Das von mir mitgegründete Weblog Riesenmaschine verlangt keine Registrierung der Nutzer, setzt aber einen Filter ein, der anhand einiger Regeln bestimmte Kommentare verwirft. Obwohl diese Regeln einfach sind, etwa »keine multiplen Frage- und Ausrufezeichen«, fangen sie den Großteil aller unerwünschten Beiträge ab. Ein ähnliches, aber ausgefeilteres System zur passiven Moderation ist das StupidFilter Project, dessen Filtersoftware Interessierte kostenlos herunterladen und einsetzen können. »Werden die Leute nicht einfach versuchen, den Filter zu überwinden, so wie Spammer es bei Spamfiltern versuchen?«, ist eine der häufig gestellten Fragen auf der Website, und die Antwort lautet: »Hoffentlich – denn das heißt, dass sie keinen Text mehr produzieren, der mit hoher Wahrscheinlichkeit dumm ist.« Ein solcher Filter für Leserbriefe auf Papier müsste zum Beispiel auf die Auslöser »gesamtgesellschaftlich«, »Deutschland« oder »es kann doch nicht sein, dass« anspringen.

Passive Moderation hat zum einen den Vorteil, dass sie unabhängig vom Wachstum der Gemeinschaft funktioniert. Zum anderen bewahrt sie die menschlichen Teilnehmer vor den Verlockungen des Machtmissbrauchs und der Bürokratie. Hier sind noch längst nicht alle Möglichkeiten ausgeschöpft. Von Paul Graham, dem Betreiber von Hacker News, stammt etwa der Vorschlag, die Qualität des nächsten Kommentars aus dem bisherigen Debattenverlauf vorherzusagen und eine dazu umgekehrt proportionale Antwortzeitverzögerung einzubauen, so dass dumme Diskussionen langsamer wachsen.

In den letzten Jahren sind neue Möglichkeiten zur individuellen Filterung der Welt hinzugekommen. Fast alle nach der Gründung von Friendster im Jahr 2002 entstandenen Kommunikationsplattformen filtern die Welt durch ein Sieb aus Freundschaftsbeziehungen. Bis in die frühen Nullerjahre gab es im Netz vorwiegend Kommunikationsorte, an denen alle Beteiligten die Interaktionen aller anderen verfolgen konnten, wobei dieses »alle« durch die Wahl der Plattform vorgegeben war. Bei den neueren Angeboten bewegt sich jeder Nutzer in seinem eigenen kleinen Universum, wobei Einzelteile weiterhin nach dem alten Muster funktionieren können: Facebook-Profile und Newsfeeds sind individuell gefiltert, Fanpages, Gruppen- und Eventseiten sehen für alle Nutzer gleich aus.

Die zweite wesentliche Neuerung des Social Networking war die Einführung des Followerprinzips durch Twitter. Im

Unterschied zur Freundschaft, wie sie bei Facebook vorgesehen ist, entsteht durch das Followen eine unilaterale Verbindung. Sie entspricht den Verhältnissen in der analogen Welt außerhalb des engsten Freundeskreises in vielen Fällen besser als eine wechselseitige. Dass A genauso gern alles von B wissen möchte wie B von A, ist schließlich eher die Ausnahme als die Regel.

Sowohl die ungefilterte Öffentlichkeit als auch die überlappenden Privatuniversen haben Vor- und Nachteile. Das alte Modell – in den neunziger Jahren etwa in Form von Usenet-Gruppen und später Foren zu besichtigen – ist leichter zu starten, weil es von Anfang an Nutzwert bietet. Wer in einem individuell gefilterten Angebot niemanden kennt, ist schwer zum Wiederkommen zu bewegen. Auch sind die Privatuniversen zum Großteil unsichtbar, sie entwickeln ihren Nutzwert erst durch die Filterung und nur für den Filternden selbst. Das führte zu dem im Zusammenhang mit Twitter in den letzten Jahren häufig zu lesenden journalistischen Missverständnis, es sei doch alles unfassbar uninteressant dort.

Wesentlich in unserem Zusammenhang ist, dass überlappende Privatuniversen ein Wachstum ohne Qualitätsverlust ermöglichen. Facebook hatte Anfang 2011 600 Millionen aktive Nutzer, die nichts voneinander zu sehen bekommen, wenn sie es nicht ausdrücklich so wollen. Mit einer Ausnahme: Unter den Beiträgen der eigenen Freunde finden sich Kommentare aus deren Freundeskreis, wodurch eine Art Störerhaftung entsteht. Wer Freunde hat, die dauerhaft Unsinn schreiben, läuft Gefahr, aus dem Facebook-Umkreis anderer entfernt oder ausgeblendet zu werden. Das ist kein einfach zu lösendes Problem, denn hier treffen zwei Anforderungen aufeinander, die sich kaum gleichzeitig erfüllen lassen. Wenn nur die Beiträge bestimmter Personen zu lesen sein sollen, kann es keine zusammenhängende Diskussion geben, denn durch das Ausblenden anderer entstehen Lücken im Diskussionsverlauf. Bei Twitter sieht jeder Nutzer ausschließlich das, was er sehen möchte, kann aber dafür nur begrenzt auf andere Beiträge Bezug nehmen.

Auf der 2008 gegründeten Plattform Stackoverflow können Nutzer Fragen zum Thema Programmierung stellen und beantworten. Schon 2010 waren dort über eine Million Fragen zusammengekommen, es gibt Stackoverflow-Klone für andere Wissensgebiete, und die Vorteile des Modells gegenüber den bis dahin vorhandenen Angeboten sind offensichtlich: Man muss nicht mehr durch 20 Forumsseiten voll falscher und themenfremder Antworten waten, um zum Ziel zu gelangen. Hilfreiche Antworten schwimmen per Abstimmung nach oben, der Rest ist nur dann sichtbar, wenn man ihn explizit sehen will. Allerdings korrumpieren auch bei Stackoverflow die Verlockungen des schnellen Karmas die Nutzermotivation.

Die seit Sommer 2010 öffentlich zugängliche Frage-Antwort-Plattform Quora baut auf dem Stackoverflow- und dem Followerprinzip auf und versucht das Karmahorten einzudämmen, indem sie Beiträge statt Personen in den Mittelpunkt stellt. Es ist nur schwer herauszufinden, wer der Autor einer Frage ist, und alle Nutzer dürfen die Fragen edieren. Nur bei den Antworten sind die Autoren sichtbar, wobei

Pseudonyme nicht zugelassen sind. Plus- oder Minuspunkte werden den Fragen und ihren Antworten zugeordnet, nicht den Autoren. Anders als bei Twitter eröffnet das Followerprinzip hier nur eine mögliche Betrachtungsweise; die Plattform ist auch im öffentlichen Modus sinnvoll nutzbar.

In den Anfangszeiten pflegten die Quora-Mitarbeiter die Rechtschreibung und Grammatik der Antworten zu redigieren. Das ist heute schon aus Gründen des Volumens nicht mehr möglich, aber bevor neue Nutzer ihre erste Frage formulieren, müssen sie einen kurzen Test durchlaufen, der sie mit den wichtigsten Gepflogenheiten vertraut machen soll. Auch bei Quora wurde nach einem steilen Anstieg der Nutzerzahlen Anfang 2011 bereits der »Eternal January« ausgerufen, und noch ist offen, ob die Bemühungen zur Sozialisierung neuer Beitragsautoren mit dem Zuwachs Schritt halten können.

Parallel zu den technischen Entwicklungen der letzten Jahre haben auch die Nutzer des Netzes mehr darüber herausgefunden, was in schriftlichen Debatten mit zahlreichen Teilnehmern weiterführt und was nicht. Ich kann diesen Eindruck nicht belegen, aber eine solche Entwicklung scheint mir schon deshalb plausibel, weil es in Prä-Internetzeiten sowohl weniger Gelegenheit zum Einsatz fortgeschrittener Diskussionsfähigkeiten gab als auch weniger Gelegenheit, diese Fähigkeiten durch Übung oder Beobachtung guter wie schlechter Vorbilder zu verfeinern. Auch ansonsten zurechnungsfähige Erwachsene müssen bei ihren ersten Schritten in Onlinedebatten lernen, die naheliegenden Fehler nicht zu machen. Wissen über häufige Denk- und Argumentationsfehler ist in den Mainstream vorgedrungen, zumindest im englischsprachigen Raum. Wikipedia bietet eine *list of fallacies* und eine *list of cognitive biases* an.

Wahrscheinlich gibt es kein Patentrezept, um Nutzern brauchbare Beiträge zu entlocken. Vielleicht verhält es sich wie mit dem Händewaschgebot in Kliniken, und es geht nicht ohne ständige Ermahnung, ständigen sozialen Druck, ständiges Einbeziehen aller Beteiligten. Jede Gemeinschaft wird ihren eigenen Satz an Werkzeugen finden müssen, wenn nicht technische Gegebenheiten oder der Betreiberwille von vornherein eine Behebung des Problems verhindern.

Die gesuchten technischen oder sozialen Lösungen müssten den Tatsachen Rechnung tragen, dass Mehrfachidentitäten unvermeidlich sind und dass Nutzer immer versuchen werden, Abkürzungen zu nehmen. Sie müssten konstruktives Verhalten fördern, ohne durch die Belohnung dieses Verhalten wieder zu untergraben. Hilfreich wäre ein Verfahren, das weniger als die bisherigen dazu einlädt, fremde Beiträge nur deshalb positiv zu bewerten, weil sie der eigenen Meinung entsprechen. Die Technik darf bei 100000 Nutzern nicht wesentlich schlechter funktionieren als bei 100, und sie darf nicht abschreckend auf Neuzugänge wirken.

Wer eine solche Lösung finden will, muss als ersten Schritt akzeptieren, dass die Probleme ihre Wurzeln nicht in der unbehebbaren Schlechtigkeit bestimmter Personen, Gruppen oder gleich der menschlichen Natur haben. Dieser Schritt wird zumindest in der deutschsprachigen Diskussion des Themas zu selten getan.

Vielleicht gibt es gegen den allmählichen Verfall von Gemeinschaften aber auch kein Mittel, oder das noch zu entwickelnde Gegenmittel ist so mühsam einzusetzen, dass es besser ist, nach ein paar Jahren weiterzuziehen. Manchmal lassen sich verkrustete Probleme nur durch Neugründung einer Alternative lösen, und nirgends ist das Weiterziehen und Neugründen leichter als im Internet, wo die unbesiedelten Kontinente nie zu Ende gehen. Die Konvektionsbewegung zwischen agilen Neugründungen, erstarrten Imperien, Zerfall und Erneuerung gibt es online wie offline, im Internet sind ihre Zyklen nur kürzer als draußen.

Vielleicht stammt die Frage, wie sich konkret definierte Gemeinschaften dauerhaft erhalten lassen, noch aus Prä-Internetzeiten, und die von Alvin Toffler 1970 angekündigte Adhokratie hält nicht nur im Beruf, sondern auch in unserem Sozialleben Einzug. Es ginge dann nicht darum, herauszufinden, wie sich das Flüchtige besser zementieren lässt. Wir müssten kompetenter im Umgang mit veränderlichen sozialen Konstellationen werden, anstatt napfschneckenglich an immer denselben Stellen im Netz kleben zu bleiben. Der eingangs erwähnte Intellektuelle ist selbst dafür verantwortlich, nicht dort herumzulungern, wo ihm das Niveau der Auseinandersetzung missfällt. Das »Wenn's dir hier nicht passt, dann geh doch nach drüben«, das im staatsbürgerschaftlichen und geopolitischen Raum nur sehr begrenzt funktioniert, ist im Netz ein praktikabler Vorschlag. Und wenn es das gesuchte Drüben nicht gibt, kann man es immer noch gründen.

Wenn der Kuchen spricht,
haben die Krümel Pause

Wenn dieser Text erscheint, wird man ihn zwar im Netz lesen, aber nicht kommentieren können. Sie können sich darüber bei mir beklagen, ich sage dann: »Das ist eben so beim *Merkur*, ich würde es auch gern ändern.« Das ist gelogen. Ich finde es insgeheim ganz gut so. Wenn jemand nach dem Grund fragt, gebe ich gern an, bei Printerzeugnissen stecke man in einer unangenehmen Übergangszeit. Es gebe zwar schon allerlei Feedbackkanäle, Gedrucktes sei aber nun mal schwer bis gar nicht zu korrigieren. Das berechtige den Autor quasi dazu, die Augen zuzukneifen, denn wenn ich schon nichts ändern kann, dann will ich auch keine Kritik hören. Aber auch das ist nur eine Ausrede. In Wirklichkeit will ich einfach keine Kritik hören, Punkt.

Gleichzeitig verlange ich seit gut 15 Jahren, dass die Welt die neuen Möglichkeiten des Internets nutzen soll, Unternehmen sich dem Dialog mit Kunden stellen und Autoren ihre Texte nicht einfach an der Autobahnraststätte aussetzen. Wenn sich Theorie und Praxis schon in meinem Kopf nur grußlos begegnen, dann tun sie das vermutlich auch in den Köpfen anderer, und tatsächlich ist das Phänomen in einigen Bereichen zu beobachten, nicht nur in der Textbranche: Unternehmen sträuben sich gegen die Wünsche nach mehr Transparenz und Kundenkontakt, die von Berater- wie Verbraucherseite an sie herangetragen werden. Der Staat war beim Versuch, im Netz den »Dialog mit dem Bürger«

aufzunehmen, bisher ungefähr so erfolgreich wie ein durchschnittlich gesprächiger Stein.

Dass man grundsätzlich »im Internet« zu sein hat, ist inzwischen nicht mehr strittig. Der Selbständige verweist darauf, er sei ja schließlich jetzt auch bei Facebook; Unternehmen, Redaktionen und Institutionen deuten auf ihre teuer eingerichteten Kommentarforen. Es geht aber nicht nur darum, eine Kommentarmöglichkeit anzubieten und auf diese Kommentare vielleicht sogar hin und wieder zu reagieren, womöglich sogar nach Feierabend. Es ginge darum, auch einmal anderswo auf Beiträge und Fragen zu antworten, an Diskussionen außerhalb des eigenen Blogs oder Facebook-Streams teilzunehmen, generell im Netz ansprechbar und anwesend zu sein, anstatt nur Statements abzusondern. Man kann als Unternehmen wie als Einzelperson im Netz aktiv sein, ohne in irgendeinen produktiven Austausch mit anderen einzutreten. Die Grenze verläuft nicht zwischen Offline- und Netzkultur, zwischen analog und digital oder zwischen Journalisten und Bloggern, sondern zwischen Durchsage und Dialog.

Schon die Vorstellung, in diesen Dialog einzutreten, ist unbeliebt. Die Feedbackkanäle, die das Internet eröffnet, werden vielfach geradezu mit Stolz ignoriert. Die Amazon-Rezensenten hätten ja gar nicht Literaturwissenschaft studiert wie ordentliche Kritiker, Leserkommentare stammten ganz offensichtlich von Neider- oder Narrenhand, und bei Twitter und Facebook trieben sich Querulanten mit zu viel Freizeit herum. Privat gern vorgebrachte Einwände sind: »Ich will mich nicht verkaufen, ich bin doch kein Staubsaugervertreter«, »Wenn ich so was machen wollte, wäre ich nicht Autor/Journalist geworden, sondern gleich ins Marketing gegangen«, »Zeit für Selbstvermarktung ist Zeit, die mir beim Schreiben fehlt«, »Ich finde das, was mich interessiert, doch auch nicht über Twitter oder Facebook, und das geht immer noch den meisten Lesern genauso«, »Ich will nicht den ganzen Tag im Internet rumhängen, ich habe auch noch ein Leben«, »Ich habe noch kein Blog gefunden, in dem ich auch nur lesen will, geschweige denn kommentieren«.

Der Journalist Christian Jakubetz schreibt in seinem Blog (blog-cj.de):

> »Immer, wenn ich auf Seminaren und Veranstaltungen wie ein Staubsaugervertreter mit diesen Geschichten von den neuen Geisteshaltungen hausieren gehe, kann ich die Gegenargumente und Einwände auswendig aufsagen: Das sei kein Journalismus. Da stehe ja doch nur Unsinn drin. Journalismus sei eine ernsthafte Sache und kein unverbindliches Geschnatter. Es sind seit Jahren die gleichen ermüdenden Debatten – und manchmal wünscht man sich, jemand wäre so ehrlich und würde einfach mal sagen, dass er schlichtweg keine Lust auf das ganze neue Zeug hat.«

Dieses »keine Lust« greift aber als Erklärung zu kurz, und die stattdessen vorgebrachten Begründungen unterscheiden sich in ihrer Ausredenqualität nicht wesentlich von »Der Hund hat das Internet gefressen«. Woher kommt also der Widerstand gegen den Dialog mit Lesern, Bürgern oder Unternehmenskunden?

Zum einen gefährdet die Kontaktaufnahme verschiedene

Illusionen, die für das eigene Selbstverständnis wichtig sind. Der Autor Seth Godin kündigte 2010 in seinem Blog seinen Abschied vom traditionellen Buchverlag an. Er wolle nun nicht mehr für seinen Lektor schreiben, sondern für seine Leser. »Ich hatte sehr gern Lektoren als Kunden«, schreibt er, »es sind kluge, motivierte und ausgesprochen sympathische Menschen, die sich gern darüber unterhalten, was sie sich wünschen und woran sie glauben. Sehr angenehme Kundschaft.« Weil Leser und Autor aber heute nicht mehr durch viele Instanzen und Hierarchieebenen voneinander getrennt seien, sei es nicht mehr zeitgemäß, sich den Lektor oder Verleger als Endkunden vorzustellen. »Ich weiß ja jetzt, wer meine Leser sind.«

Leser allerdings sind eine viel heterogenere und weniger autorenähnliche Gruppe als Lektoren oder Redakteure. Sie wollen nicht das, wovon der Autor denkt, sie sollten es wollen. Sie verhalten sich anders, als der Autor annimmt, und womöglich sind sie überhaupt nicht die, für die man sie bisher gehalten hat. Man will es am liebsten gar nicht so genau wissen: »Traditionell stehen Journalisten ihren Lesern eher ablehnend gegenüber und interessieren sich in erster Linie für die Anerkennung durch Mitarbeiter und Vorgesetzte«, heißt es in einer lesenswerten Studie der Mediensoziologen Wilson Lowrey und William Anderson.*

Lange Zeit konnte man folgenlos so tun, als sei es wün-

* Wilson Lowrey/William Anderson, »The Journalist Behind the Curtain«, in: *Journal of Computer-Mediated Communication* (2005) Nr. 3, online verfügbar unter: {jcmc.indiana.edu/vol10/issue3/lowrey.html} (Stand: September 2012).

schenswert, mehr über die Leser herauszufinden. Jetzt, wo das tatsächlich geschieht, mehren sich die Anzeichen des Unbehagens. Vielleicht wurde man schon immer nur von Menschen gelesen, die das Buch nach der Hälfte weggelegt oder es einfach nur gekauft haben, um es ins Regal zu stellen? Vielleicht schreibt man für Schlaue, wird aber in Wirklichkeit hauptsächlich von Doofen gelesen? Wunschdenken darüber, wer die eigenen Leser sind, lässt sich nicht mehr so leicht aufrechterhalten, wenn man den Dialog mit diesen Lesern aufnimmt. Sie sind weder die leichtgläubigen Gimpel, die man sich wünscht, wenn die Quellenlage einmal nicht ganz so ideal ist, noch die erleuchtete Elite, für die man an den anderen Tagen schreibt. Sie sind weder einem selbst noch irgendeinem Idealbild so ähnlich, wie man sie gern hätte.

Autoren und Journalisten vertreten häufig die Meinung, bei Lesungen oder in den Kommentarforen ihrer Publikationen begegneten sie nur einer ganz speziellen, nicht repräsentativen Untergruppe ihrer Gesamtleserschaft. Das ist zwar vermutlich richtig, aber ob und vor allem in welche Richtung diese Gruppe vom Leserdurchschnitt abweicht, ist völlig offen. Es könnte ebenso gut sein, dass es sich dabei um die interessiertesten, gebildetsten, sympathischsten Leser handelt. Die Nullhypothese muss bis zum Erheben weiterer Daten sein, dass die sichtbaren Leser exakt diejenigen sind, die die betreffende Zeitung kaufen oder den Autor schätzen.

Auch die subjektive Wahrnehmung, man habe sich einwandfrei verständlich gemacht, kann sich als Illusion erweisen, wenn Kritik am Text auftaucht, die auf Missverständnisse zurückgeht. Es ist unangenehm, auf die grundsätzliche Schwierigkeit von Verständigung hingewiesen zu werden. Die Ursache für das Verständnisproblem kann nur beim anderen liegen. Das zeigt sich in der handelsüblichen Ungeduld im Umgang mit Gesprächspartnern, die einen ganz einfachen Sachverhalt partout nicht verstehen wollen, und im Ärger von Aphasikern über die Begriffsstutzigkeit ihrer Mitmenschen. Es erscheint plausibler, dass der andere das Verstehen bewusst verweigert und damit eine Grundvereinbarung bricht, als dass er wirklich nicht versteht, was man glasklar ausgedrückt hat. Je mehr und detailliertere Rückmeldungen man zu einem Text bekommt, desto schwieriger wird es, die Schuld an diesen Missverständnissen allein bei den Lesern zu suchen.

Und gefährdet ist schließlich auch die Illusion vom Rechthaben, wenn man seine Pläne schon während der Arbeit an einem Text einer breiteren Öffentlichkeit vorstellt (einer Öffentlichkeit also, die man nicht bereits im Hinblick auf ihr Wohlwollen, ihre Höflichkeit oder ihre Gleichgültigkeit ausgewählt hat). Die dann womöglich eingehenden Hinweise, was zu einem Thema schon alles geschrieben wurde, sind unter dem Produktivitäts- und Geldverdienaspekt nicht uneingeschränkt hilfreich. Sie stören zum einen die Illusion, man wüsste schon alles Nötige, zum anderen die Vorstellung, man habe etwas Neues zur Diskussion beizutragen, und schließlich verursachen sie zusätzliche Arbeit, denn man müsste den Literaturtipps ja nachgehen. Schmerzlich ist nicht nur, dass es da draußen oft jemanden gibt, der es besser weiß. Die Welt enthält unangenehm viele Menschen, die mindestens genauso schlau sind wie man selbst. Das ist im Netz unübersehbar, und man muss die Augen schon sehr fest zukneifen, um diese Tatsache weiterhin ignorieren zu können.

Ein zweiter Teil des Problems: Die zwischen Autor und Leser operierenden Mittelsmänner sind nicht nur hinderlich, sie schaffen auch Entlastung. Blogger, so hieß es zuletzt in *Der Universalcode*, einem Handbuch für den Journalismus im digitalen Zeitalter, können »ein authentisches Bild ihres Schreibstils vermitteln. Sie werden nämlich nicht redigiert«, und sie können »sich als freie Journalisten auf ihrer eigenen Veröffentlichungsplattform so intensiv und detailliert mit ihren Wunschthemen auseinandersetzen, wie sie wollen. Kein Redakteur steht als Themenabblocker im Weg.« Genau diese Vorteile sind gleichzeitig eine Bedrohung. Blogger können sich nicht damit entschuldigen, der Text sei nach Abgabe noch umgeschrieben worden oder Defizite seien den Zeit- und Längenvorgaben der Redaktion geschuldet. Wer die Redaktion weglässt, der muss auch die Verantwortung für seine Arbeit übernehmen. Und die ist gar nicht so leicht zu tragen. Dasselbe gilt für Autoren und ihre Verleger: Wer am Verlag vorbei publiziert, der ist für alles selbst verantwortlich. Er kann weder sagen »Für die hässliche Umschlaggestaltung kann ich nichts« noch »Tut mir leid, dass ihr so viel bezahlen müsst, aber den Preis bestimmt der Verlag«.

Drittens sind die Bedenken, was alles passieren könnte, wenn man sich auf einen Dialog einließe, nicht ganz unberechtigt. Gerade Autoren und Journalisten befinden sich, ob sie das nun öffentlich eingestehen oder nicht, in einer Phase großer beruflicher Unsicherheit. Einige ehemals zuverlässige Geldverdienmodelle funktionieren jetzt schon nicht mehr, andere nähern sich dem aufgedruckten Verfallsdatum. Die Konkurrenz um die Zeit des Lesers wird schärfer durch die zahlreicher denn je das Internet vollschreibenden Freiwilligen und durch andere Unterhaltungsformen. Und wer nicht die Besorgnis teilt, der Berufsstand könne als solcher überflüssig werden, der möchte doch gern vermeiden, sich innerhalb dieses Berufsstandes als Individuum überflüssig zu machen.

»Gleichzeitig besteht für Freiberufler natürlich die Gefahr, durch das offenherzige Freigeben der eigenen Bezugsquellen (die angezeigten Tweets, denen man folgt) wie auch der Abonnenten (derjenigen, die einem folgen) schnell kopierbar zu werden. Da sind abonnierte RSS-Feeds schon diskreter.« So riet der Deutsche Journalisten-Verband DJV* unter dem Titel »Sollten freie Journalisten auf Twitter aktiv werden?« und erntete dafür Spott im Netz. Aber die Befürchtung, größere Transparenz schwäche die Autorität der Journalismusbranche und stärke die Konkurrenz, ist ja nicht aus der Luft gegriffen. Leser profitieren von dieser Transparenz, aber das bedeutet nicht, dass sie auch den hauptberuflichen Journalisten lang- oder auch nur mittelfristig nutzen muss.

Und nicht nur der Kontakt zum Leser gibt Anlass zur Sorge, auch die Kollaboration mit Kollegen, umso mehr, als

* Der Twitter-Account des DJV besteht übrigens ausschließlich aus automatisch erzeugten Links auf die eigenen Pressemitteilungen.

die Grenzen zwischen Kollegen und Auftraggebern oft unscharf sind. Was, wenn sie mir die Themen klauen? Oder erkennen, woher ich mein Material nehme und dass ich auch nur mit Wasser koche? (Nebenbei gefährdet Transparenz auch die eigenen Illusionen, denn ich sehe nicht nur gern aus wie jemand, der sich das alles ganz allein ausgedacht hat – schon kurze Zeit nach dem Erscheinen des Texts habe ich meine Quellen vergessen und glaube daran jetzt selbst.) Die Konkurrenz um Aufmerksamkeit, Status und Geld ist real, sowohl innerhalb der Branche als auch in der Abgrenzung zu anderen Akteuren. Dass das Bekenntnis der Journalismusbranche zu Social Media bisher weitgehend rhetorischer Natur geblieben ist, ist eventuell nicht einer Unterschätzung der Möglichkeiten des Internets geschuldet, sondern einer korrekten Einschätzung.

Und schließlich bedeutet die vermehrte Kommunikation mit Lesern und Kollegen auch mehr Arbeit – nicht so sehr, weil sie an sich Zeit kostet, sondern weil sie Lernprozesse anstößt, die Mühe und Unbehagen verursachen. Die Politikwissenschaftlerin Alexandra Samuel beschreibt in ihrem Blog das durch Social Media ausgelöste Unwohlsein als »referred pain«, analog zu körperlichen Schmerzen, deren Ursache nicht an der Stelle zu suchen ist, an der sie auftreten. Die eigentlichen Probleme liegen anderswo, und die Konfrontation mit Social Media bringt das Unbehagen nur ans Licht.

»Ihr Social-Media-Team ist machtlos gegen eine überalterte Marke oder Werbung, die den falschen Ton anschlägt; Ihre cleveren Blogbeiträge können nicht über ein von Grund auf mangelhaftes Angebot hinwegtäuschen;

Ihre Twitterstrategie ist nicht nachhaltig, wenn Sie nicht bereit sind, Ihre Personalressourcen auszubauen oder umzuverteilen. Die Schmerzen, die der Einstieg in Social Media den Unternehmen bereitet, haben ihre Ursachen größtenteils nicht im Social-Media-Bereich, sondern in den unternehmensinternen Problemen, die durch Social Media ans Licht kommen.«

Diese Probleme sind intern wahrscheinlich durchaus bekannt, es würde viel Arbeit bedeuten, sich mit ihnen auseinanderzusetzen, und auch dort, wo man nichts zu verbergen hat, hat man unter Umständen etwas zu verlieren. Das macht es attraktiv, sich gleichzeitig öffentlich zum Dialog zu bekennen und ihn in der Praxis zu ignorieren. Oder aktiv zu verhindern – ein Verdacht, den der Journalist Mark Potts in seinem Blog äußert:

»Kommentare und andere Formen der Onlinecommunity anzubieten ist keine *rocket science*, Zeitungen sind damit aber zuverlässig überfordert. Tausende Websites pflegen seit Jahren lebendige, freundliche, gesittete Communities, aber bei Zeitungen reagiert man offenbar allergisch auf die Vorstellung, Leser online zu Wort kommen zu lassen – und wenn es Interaktionsangebote gibt, sind sie fast immer mangelhaft umgesetzt. [...] Vielleicht ist es ein tiefer sitzendes psychologisches Problem, das sich da widerspiegelt. Die Mitarbeiter der Onlinesparten von Zeitungen fühlen sich nicht wohl mit der Vorstellung, die Leser mitspielen zu lassen, weil das die alte Schlüsselposition der Journalisten im Umgang mit Nachrichten und Information schwächen würde. Deshalb sabotiert man unbewusst die Leserinteraktion, indem man auf einfache Vorkehrungen verzichtet, die die Moderation erleichtern und die Teilnahme für Leser wie Journalisten erfreulich gestalten könnten.«*

Ein ähnlich gelagerter Fall von unbewusster Sabotage der öffentlich vertretenen Ziele liegt vielleicht bei den in meiner letzten Kolumne (*Merkur*, Nr. 744, Mai 2011) erwähnten Intellektuellen vor, die die Geistfeindlichkeit des Netzes beklagen. Ich schlug naiv vor, die Beschwerdeführer möchten nicht ausgerechnet dort herumlungern, wo ihnen das Niveau der Auseinandersetzung missfällt, es gebe ja genügend Alternativen. Mittlerweile erscheint es mir plausibler, dass schlecht gewartete Grunzkommentarforen gerade auf diese Leser eine gewisse Anziehungskraft ausüben, weil sie die Ansicht bestätigen, die Welt sei außerhalb des eigenen Freundeskreises oder der eigenen Redaktion voller Tölpel und der Verzicht auf einen Dialog mit dieser Welt weiterhin eine sinnvolle Entscheidung.

Die Abneigung gegen eine Beteiligung am Dialog ist also kein Ergebnis schlichter Trägheit, sondern hat robuste und teilweise sogar rationale Gründe. Das heißt nicht, dass es schon in Ordnung ist, sich weiterhin die Bettdecke über den Kopf zu ziehen. Die Anforderungen an Autoren oder Jour-

* Online verfügbar unter: {http://recoveringjournalist.typepad. com/recovering_journalist/2008/03/know-comments.html} (Stand: September 2012).

nalisten verändern sich hin und wieder, genau wie in anderen Berufen. Noch vor nicht allzu langer Zeit galt es als Zumutung, sich am Arbeitsplatz mit einem Computer auseinandersetzen zu müssen. In vielen Branchen ist es üblich, seinen eigenen Schriftverkehr zu erledigen, anstatt die Schreibkraft zum Diktat zu rufen. Wissenschaftler brauchen Fähigkeiten zur Selbstvermarktung und Präsentation, die früher weniger gefragt waren. Zum Ausgleich für die neue Arbeit fallen andere Aufgaben weg, etwa das Pflegen eines eigenen Papierarchivs oder einer Expertenkartei. Von immer geringerem Nutzen ist auch das Wissen, wie man Bibliotheken bedient, diese lustigen analogen Textadventures, und niemand muss dort mehr ganze Tage zubringen auf der Suche nach einem einzigen Zitat.

Vermeidungsverhalten ist selten vollständig irrational, sondern entsteht als Polster um objektiv lästige Lebensbestandteile. Aber wer die Vermeidung dieser unangenehm besetzten Situationen im Berufsleben für eine Lösung hält, der muss auch hinnehmen, dass Kinder lieber im Bett als in der Schule sein wollen. Die Vermeidungsstrategie eignet sich bestenfalls als Übergangslösung, und ihre Tage sind gezählt. Peter Horrocks, seit Anfang 2010 Chef der BBC-Sparte »Global News«, forderte bei seinem Amtsantritt in einer internen Publikation seine Mitarbeiter dazu auf, mehr Gebrauch von Social Media zu machen und verstärkt auf kollaborative Praktiken zu setzen:

»Wenn Sie dazu nicht in der Lage sind, dann vernachlässigen Sie Ihre Arbeit. Es ist keine optionale Zusatzleistung. […] Wenn Ihnen das nicht zusagt, wenn diese Veränderungen Sie überfordern oder diese Arbeitsweise nichts für Sie ist, dann sollten Sie sich eine andere Beschäftigung suchen, denn das kommt auf jeden Fall auf Sie zu. Sie können den Wandel nicht aufhalten.«

Ich habe die Idee zu diesem Text nur privat mit Menschen besprochen, bei denen mit wenig Widerspruch zu rechnen war. Die Fragen, die sich beim Schreiben ergaben, habe ich nicht öffentlich geäußert, obwohl ich sie bei Google+ ohne Aufwand genau dem Personenkreis hätte stellen können, der vermutlich das eine oder andere beizutragen gehabt hätte. Wenn Sie den Text lesen, ist es zu spät für Korrekturen, Einwände und Ergänzungen. Ich kann nicht versprechen, dass ich es beim nächsten Mal anders machen werde. Aber immerhin ist mir klar, dass mein Widerwille nichts mit irgendwelchen Defiziten des Internets zu tun hat, mit Zeitmangel oder praktischen Erwägungen. Er entspringt allein meinem Unbehagen darüber, dass schlauere Menschen als ich existieren, und ich habe vor, mir in Zukunft andere Bewältigungsmechanismen zuzulegen. Alkohol wäre vielleicht eine Möglichkeit.*

* Aus therapeutischen Gründen sollten Sie mir Ihre Meinung zu diesem Text mitteilen, obwohl ich lieber nichts davon wissen würde. Sie können das zum Beispiel bei Google+ tun, wenn Sie das Risiko eingehen möchten, dass auch Ihre Meinungsäußerung wieder zum Gegenstand der Kommentare Dritter wird. Ansonsten böten sich E-Mail oder Twitter an. Alle Kontaktdaten finden Sie unter kathrin. passig.de

Unsere Daten, unser Leben

Auf Beipackzetteln von Medikamenten ist genau definiert, was der Hersteller mit »sehr häufig«, »häufig«, »gelegentlich«, »selten« und »sehr selten« auftretenden Nebenwirkungen meint. »Sehr häufig« sind Nebenwirkungen, die bei mehr als einem von zehn Behandelten auftreten, sehr seltene werden bei weniger als einem von 10 000 beobachtet. Im journalistischen Sprachgebrauch bedeuten diese Formulierungen nur, dass der Journalist keine Lust hatte, genauer zu recherchieren, und im privaten Umgang drückt das »Nie« in »Nie räumst du auf« etwa die gleiche Häufigkeit aus wie das »Täglich« in »Ich jogge täglich«.

Aber der Abstand zwischen wissenschaftlicher und privater Präzision schrumpft. Der Ansatz, der das möglich macht, heißt Selftracking oder Selbstvermessung, »Self Knowledge Through Numbers« lautet der Untertitel der 2007 gegründeten Website quantifiedself.com. Breitere Aufmerksamkeit wird dem Thema seit 2011 zuteil, im Mai fand die erste »Quantified Self«-Konferenz im kalifornischen Mountain View statt, im November die erste europäische in Amsterdam.

Die gebräuchlichsten Geräte messen mithilfe eines Bewegungssensors, wann sich der Benutzer bewegt, und errechnen daraus etwa die zurückgelegte Strecke, den Kalorienverbrauch, die allgemeine Aktivität oder die Schlafqualität. EEG-Headsets zeichnen Hirnwellen auf, der »Lena Baby Monitor« erfasst, wie viele Wörter ein Kind pro Tag hört.

Viele Tools haben bisher nur Softwareform angenommen und verlangen vom Nutzer die regelmäßige manuelle Dateneingabe. Dank der diversen in Smartphones verbauten Sensoren ist der Weg aber auch für Software geebnet, auf diesem Weg automatisch Daten aufzuzeichnen, die der gadgetlose Nutzer noch von Hand erfassen musste.

Die spärliche journalistische Auseinandersetzung mit dem Thema kreist bisher um Selbstdarstellung und Selbstentblößung. »Ist das die Emanzipation des Patienten von der Medizin oder nur eine extreme Form von Hypochondrie und Narzissmus?«, fragt Klaus Vogt in der *Welt* unter der Überschrift »Messen von Körperfunktionen kann süchtig machen« und findet: »Manche Quantified-Self-Erkenntnisse sind banal bis lächerlich.« Meike Laaff beschreibt in einem *taz*-Artikel vom 21. Januar 2012 den Sachverhalt an den dünnen Körpern, der Schüchternheit, der »praktischen Funktionskleidung« zweier deutscher Selbstvermesser entlang, »auf dem Boden liegt beiger Teppich, den man nicht mit Schuhen betreten darf«. Es ist die Frühphase der journalistischen Betrachtung eines neuen Gebiets, in der es kaum mehr festzustellen gibt, als dass es sich um eine kuriose Tätigkeit handelt, die keine Coolnesspunkte einbringt.

Auch die Diskussionen der Praktizierenden drehen sich vor allem darum, was die anderen so für Geräte und Techniken bevorzugen. Mit Ausnahme einiger Beiträge der *Wired*-Journalisten Gary Wolf und Kevin Kelly, die den Begriff geprägt und die Plattform quantifiedself.com gegründet haben, ist über Hintergründe und Motivationen noch wenig zu finden.

Dabei laufen im Selftracking verschiedene Entwicklungs-
linien zusammen, die eigentlich nicht im Verdacht der Al-
bernheit stehen. Zum einen dringen Techniken in den Pri-
vatbereich vor, die sich in den empirischen Wissenschaften
in der zweiten Hälfte des 19. Jahrhunderts etablierten. Philipp Felsch zeichnet in *Laborlandschaften* die Geschichte der
»graphischen Methode« nach:

> »Hermann von Helmholtz' Myograph, Karl Vierordts
> Sphygmograph, Étienne-Jules Mareys Pneumograph und
> andere Instrumente erlaubten es, eine wachsende Anzahl
> von Körperfunktionen in Linien und damit in den physi-
> kalischen Horizont von Kraft, Weg und Zeit zu überset-
> zen.«[*]

Felsch nennt als zwei wesentliche Differenzen, durch die
Wissenschaftler ihre Forschung von Amateurarbeit abgrenz-
ten, die prominente Rolle von Aufschreibeverfahren und
den Einsatz mechanischer, im Idealfall selbstregistrierender
Messinstrumente. (Für Laien ist die Selbstaufzeichnung aus
anderen Gründen wichtig, als sie es in der Wissenschaft war:
nicht primär wegen ihrer geringeren Fehleranfälligkeit und
besseren Standardisierung, sondern weil nicht zwanghaft
veranlagte Menschen sich nur begrenzte Zeit dazu aufraffen
können, Daten in Tabellen oder Apps einzutragen.) Die
Ergebnisse dieser Entwicklung der Wissenschaft sind seither
allgegenwärtig – außer im Privatleben. Was in Forschung
und Industrie als selbstverständlich anerkannt war, hätte

---

[*] Philipp Felsch, *Laborlandschaften. Physiologische Alpenreisen im 19.
Jahrhundert*, Göttingen: Wallstein 2007.

nach Feierabend absurd gewirkt (und tut es, wie der *taz*-Artikel durchblicken lässt, auch weiterhin).

Mit einer Ausnahme allerdings: dem Sport. Im Sport gehört das Messen, Nachzählen und Vergleichbarmachen längst zur Normalität. Seit den sechziger Jahren verbreitet sich außerdem – ausgehend vom US-Baseball mit seinen »Sabermetrics« – die Ansicht, dass die Erfassung der unsichtbaren Elemente des Spiels nicht nur die Erfolgsaussichten der Sportler, sondern auch das Vergnügen der Zuschauer vermehrt, anstatt es zu verringern:

> »For (the game's statisticians), plumbing the meaning of numbers is not mere accounting; to bring the hidden game of baseball into the open is an act of imagination, an apprehension and approximation of truth, and perhaps even a pursuit of beauty and justice.«*

Daher ist es auch naheliegend, dass die ersten selbstaufzeichnenden Geräte – beginnend 2008 mit dem »Fitbit« – aus dem Sportsektor stammen, dem Punkt, in dem Datenerfassung und Freizeit bereits zusammengefunden haben.

Eine dritte Entwicklungslinie ist die der verwissenschaftlichten Selbstbeobachtung als eigentlich überfälliger Schritt beim Verlagern externer Kontrollmechanismen in den privaten Aufgabenbereich. Es gibt historische Vorläufer wie Benjamin Franklin mit seinen Tabellen, in denen er täglich

---

* John Thorn/Pete Palmer, *The Hidden Game of Baseball*. New York: Doubleday 1984, zitiert nach Tobias Werron, »Die zwei Wirklichkeiten des modernen Sports«, in: Andrea Mennicken/Hendrik Vollmer (Hrsg.), *Zahlenwerk. Kalkulation, Organisation und Gesellschaft*, Wiesbaden: VS 2007.

seine Verstöße gegen dreizehn selbstaufgestellte Tugendregeln kartierte, und auch die Einführung des Haushaltsbuchs im 19. Jahrhundert als Instrument der Selbstregulierung gehört hierher. Aber das Auftauchen spezifischer Hard- und Software, die wenigstens teilweise automatische Aufzeichnung, die Veröffentlichung der erhobenen Daten und der öffentliche Austausch über sie sind neu.

Warum aber gerade jetzt, und warum erst jetzt? Gary Wolf benennt vier Faktoren: Die Sensoren sind kleiner und leistungsfähiger geworden. Das Herumtragen von Computern, vor allem in Mobiltelefonform, wird üblicher. Seit dem Aufkommen von Social Media löst das Veröffentlichen privater Informationen weniger Irritationen aus. Und schließlich »erahnen wir das Aufkommen der globalen Superintelligenz, die wir die ›Cloud‹ nennen«.

Die Selbstvermessung gehört weder zu den sexgetriebenen Innovationen noch zu den aus dem Wunsch nach Arbeitsvermeidung geborenen wie Kopierer und Tabellenkalkulationssoftware. Sie speist sich aus dem Wunsch nach Rationalisierung, Selbstdisziplinierung und Selbstoptimierung.*

Spätestens jetzt packt der routinierte Pessimist die Moritatentafel mit Jeremy Benthams Panopticon aus und deutet

---

* Natürlich gibt es auch Angebote, die das Gebiet der sexuellen Betätigung abdecken, wie bedpost.com: »Bedpost is a personal web application that will give you some insight into your sex life. […] Simply log in after every time you have sex and fill out a few simple fields. Pretty soon, you'll have a rolling history of your sex life on which to reflect.«

mit dem Zeigestock auf die immer willfährigere Selbstunter-
werfung des Einzelnen, die Disziplinierung der Gesellschaft
und die Unattraktivität protestantischer Pedanterie. Es ist
ganz einfach, Kulturkritik an der Selbstvermessung zu üben,
und an besorgten Medienbeiträgen wird auf Jahre hinaus
kein Mangel herrschen. Zweifellos lenkt die Möglichkeit
des Messens unsere Aufmerksamkeit auf das leicht Messbare, und das Gemessene wird sichtbarer, während andere,
schwerer messbare Faktoren aus dem Blickfeld rücken. Unsere Fähigkeit, Muster da zu finden, wo keine sind, funktioniert in Bezug auf Daten auch nicht viel schlechter als im
datenlosen Leben, sodass die Deutung von Wunschdenken
geprägt sein wird.

Menschen werden ihr Verhalten ändern, um es leichter in
Zahlen erfassen zu können, und sie werden lieber das messen, was sich relativ leicht ändern lässt, wie Sport oder Kaf-
feekonsum, anstatt das zu erforschen, was ihre Lebensquali-
tät vielleicht stärker beeinflusst, aber schwerer zu verändern
wäre. Die erhofften Ergebnisse werden sich weder durch das
Messen noch durch das Mitteilen von allein einstellen. Re-
gierungen und Unternehmen werden die so erfassten Daten
begehren und mit großer Wahrscheinlichkeit auch bekommen.* Die Jugend wird unverantwortlich mit den neuen
Möglichkeiten umgehen, und irgendjemand wird bestoh-

* Schon zur Zeit der Einführung des Haushaltsbuchs interessierte
sich der Staat für die darin erhobenen Daten. Heute beteiligen sich
um die 60 000 Haushalte freiwillig an der »Einkommens- und Ver-
brauchsstichprobe«, für die ein Vierteljahr lang ein Haushaltsbuch
zu führen ist.

len werden, weil Verbrecher seinen öffentlichen Daten einbruchserleichternde Informationen entnehmen.

Die meisten dieser Vorwürfe sind nicht spezifisch für die private Datenerhebung. Man kann sie ebenso gut an Wissenschaft und Management richten, was auch häufig genug geschieht. Allerdings wird dabei selten die Forderung laut, wegen dieser Probleme sei es besser, auf das Messen zu verzichten. Nicht weniger generisch sind die optimistischen Reflexe in den Äußerungen der Selbstvermesser von heute wie der Wissenschaftler im 19. Jahrhundert. Felsch konstatiert:

»Die epistemologischen Hoffnungen, die die neue Technik weckte, waren immens: Stellvertretend für eine wachsende Zahl von Anhängern erklärte Marey, der Doyen der graphischen Methode in Frankreich, 1878, analoge Kurven vermöchten die schwerwiegendsten Hindernisse des wissenschaftlichen Fortschritts, die Mängel der menschlichen Sinne und die Defizite der menschlichen Sprache, zu beseitigen, denn sie seien in der ›Sprache der Phänomene selbst‹ formuliert.«

Die Diskussion, ob es das Selbstvermessen überhaupt geben sollte oder besser nicht, ist unergiebig. Interessanter ist die Frage, was da eigentlich passiert und warum.

Die Geräte selbst werden zunächst für einen bestimmten Zweck – etwa das Messen der zurückgelegten Strecken – auf den Markt gebracht, aus ihren Messdaten lassen sich aber auch vom Hersteller nicht vorgesehene Einsichten gewinnen. Ebenso können persönliche Experimente neben oder anstelle der Antwort auf die ursprüngliche Frage andere Ergebnisse ans Licht fördern, wie es ja auch in der Wissenschaft geschieht. »Viele Selftracker kennen ihr Ziel nicht«, schreibt Gary Wolf. »Sie fangen damit an, weil eine bestimmte Frage sie beschäftigt, und sie bleiben dabei, weil sie glauben, dass sich in ihren Zahlen Geheimnisse verbergen, die sie nicht ignorieren können; darunter auch Antworten auf Fragen, auf die sie noch gar nicht gekommen sind.« Messen ist zweifellos mit Lernprozessen verbunden, in der Wissenschaft wie im Privatleben.

Andererseits sind die Auskünfte der Praktiker nicht nur naheliegenderweise individuell unterschiedlich, sondern auch in sich inkonsistent. Das Selbstvermessen heißt so lange Wissenschaft, bis man tatsächlich wissenschaftlich vorgehen müsste, es heißt so lange objektiv und zuverlässig, wie die Daten zur vorgefassten Meinung passen, und die Ergebnisse dienen dann der Verhaltensänderung, wenn das von den Daten nahegelegte Verhalten das privat oder sozial erwünschte ist.

Der vom *Spiegel* (5. Januar 2012) interviewte Selbstvermesser Christian Kleineidam entgegnet auf den Vorwurf der Unwissenschaftlichkeit, es gehe nicht um allgemeingültige Erkenntnisse, entscheidend sei, »wie etwas bei mir wirkt«. Johannes Kleske erklärt in einem Deutschlandradio-Beitrag, wenn er erholt aufwache, die App aber der Meinung sei, er habe schlecht geschlafen, »dann müsstest du als Erstes sagen: Ok, mit der App stimmt was nicht. [...] Und statt dass ich mich in Frage stelle, muss ich als Erstes die Technologie in Frage stellen.« Der Verhaltensökonom Justin Wehr fasst in seinem Blog die Ergebnisse einjährigen Selftrackings zusammen: »Bei mir jedenfalls wirkt sich Sport negativ auf

Produktivität, Schlaf und sogar Zufriedenheit aus, aber ich bleibe trotzdem dabei. Entweder weil ich starrsinnig und irrational bin oder weil der Sport andere Vorteile hat, die in meinen Daten nicht auftauchen.« Man kennt das Phänomen aus dem Sport: Aussagen der Statistik sind nur so lange verlässlich, wie sie die Meinung des Fans stützen, ansonsten heißt es: »Zahlen lügen, was zählt, ist auf dem Platz!«

Die Nutzerauskünfte erinnern an die Erklärungen der frühen Polarforscher, es handle sich bei ihrer Tätigkeit entweder um männliches, patriotisches Abenteuer oder um reine Wissenschaft, je nach Zielgruppe des Bemühens um Anerkennung und Sponsorengelder. Auch das ist kein spezifisches Phänomen der Polarforschung oder der Selbstvermessung. Bei vielen Tätigkeiten lassen sich die Begründungen der Praktiker nur schwer mit dem beobachtbaren Geschehen zur Deckung bringen, und die Begründungen für eine bestimmte Praxis sind untereinander nicht kompatibel.

Halten wir fest, dass das Selbstvermessen jedenfalls so attraktiv ist, dass es Anhänger findet – obwohl es überwiegend negativ konnotiert ist, im Moment noch eher wenig Anerkennung bei Partygesprächen einbringt, zusätzliche Arbeit und eventuell Anschaffungskosten für Hardware verursacht. Es folgen einige Vermutungen, woraus sich diese Attraktivität speisen könnte.

Was dem 19. und frühen 20. Jahrhundert die körperliche Ermüdungsforschung war, um die es in Felschs *Laborlandschaften* geht, das ist dem späten 20. und beginnenden 21. Jahrhundert die Frage nach der geistigen Leistungsfähigkeit und der Selbstkontrolle. Sie macht sich in der Diskussion um »Gehirndoping« bemerkbar, vor allem aber in der Fülle der Blogbeiträge, journalistischen Texte und Bücher insbesondere aus den USA über die Probleme der Ablenkung, der Prokrastination und der Techniken zur individuellen Produktivitätssteigerung. Schon an der schieren Menge dieser Beiträge ist ein Mangel an Lösungen abzulesen, und auch inhaltlich gehen die konkreten Ratschläge selten über die Forderung hinaus, der Leser müsse halt mehr Selbstkontrolle einüben.*

Texte zur Steigerung der individuellen Produktivität sind eine Lektüre der Lösungshoffnungen und Erlösungsfantasien. Enttäuschung über die Versprechungen der Ratgeberliteratur zeigt sich auch in der Bezeichnung *productivity porn*. Dabei werden funktionierende Techniken der Selbstkontrolle nicht nur am Arbeitsplatz schmerzlich vermisst. Überall da, wo Sachzwänge und Formen der äußeren Kontrolle wegfallen und sich neue Möglichkeiten eröffnen, stehen Menschen vor dem Problem, dass ihre langfristigen Wünsche und Ziele (dünn, gesund und produktiv sein) sich schlecht mit ihren kurzfristigen Interessen (Rumliegen,

* Wie das geschehen soll, ist unklar; zwar gibt es aus den letzten 15 Jahren vereinzelte Forschungsergebnisse, die darauf hindeuten, Selbstkontrolle sei eventuell trainierbar wie ein Muskel und der so gewonnene Zuwachs auf einem Gebiet ließe sich auch auf andere Lebensgebiete übertragen. Die geringe Zahl dieser Indizien und die Vorläufigkeit der Ergebnisse steht aber in keinem Verhältnis zur Popularität dieser Behauptung außerhalb wissenschaftlicher Veröffentlichungen.

Spielen, zweite Portion Nachtisch) in Einklang bringen lassen.

In der Arbeitswissenschaft sind Experimente seit Frederick Taylor mit der Annahme verbunden, dass es dazu eines externen Beobachters bedarf. Anders als bei Taylors Fabrikarbeitern ist aber beim Wissensarbeiter von außen kaum mehr festzustellen, was er eigentlich gerade mit seiner Zeit anfängt. Schon aus der Innenperspektive ist es schwierig, überhaupt herauszufinden, was individuell »produktive« und »unproduktive« Tätigkeiten sind, und nach der Klassifizierung die einen von den anderen zu trennen. Externe Beobachtung hilft hier nicht weiter.

Die soziale Komponente der Quantified-Self-Tools, also das Veröffentlichen der Daten, ersetzt die externe Kontrolle durch nichthierarchische Quervernetzung: Die Beteiligten beobachten einander gegenseitig. Die Fremdbeobachtung hat dabei keine eigentliche Kontrollfunktion, sie dient dazu, den Selbstbeobachter zur Aufzeichnung und zur Reflexion anzuhalten und den Vergleich zu ermöglichen.

Natürlich liegt der Verdacht nahe, dass die gefühlt selbstgewählten Ziele so selbstgewählt nicht sind, und es ist leicht, in den Berichten der Praktiker Beispiele für unhinterfragten Glauben an Ernährungsmoden, den achtstündigen Arbeitstag und die Vorzüge des Sports zu finden. Ebenso leicht finden sich auch die Gegenbeispiele. Es geht nicht in allen Experimenten automatisch um Effizienzsteigerung, sondern auch – etwa beim *mood tracking* – um Achtsamkeit, Glücksforschung und die Suche nach individuellen Antworten auf individuelle Bedürfnisse. Eine häufige Fragestellung an das persönliche Experiment ist: »Hilft Mittel X gegen Problem Y mir überhaupt?« Letztlich ist es ein aufklärerischer Gedanke: Habe Mut, dich deiner eigenen Daten zu bedienen.

Auch das ist die Fortsetzung einer schon länger anhaltenden Entwicklung hin zur Einsicht des Supatopcheckerbunny-Songs »Wir sind alle verschieden, aber manchmal auch gleich«. Schon das frühe Internet hat einiges dazu beigetragen, die Vorstellungen davon zu verschieben, welcher Teil der eigenen Vorlieben und Gewohnheiten üblich und welcher die Ausnahme ist. Zu den schriftlichen Zeugnissen kommen jetzt die zahlenförmigen Ergebnisse der Selbsterforschung sowie, technischer gesehen, die der individuellen Medizin. Die Selbstvermessung stiftet Zufriedenheit über die eigene Individualität wie auch Beruhigung darüber, dass man dort, wo man von der Mehrheit abweicht, immer noch in Gesellschaft ist.

Alexandra Carmichael, Mitbetreiberin von quantified self.org, beschreibt dort ihre Erkenntnis, dass »die meisten Menschen nicht sehen, was ich sehe, nicht hören, was ich höre, nicht riechen, was ich rieche, oder auf ihrer Haut spüren, was ich spüre«. Es falle ihr durch die erhobenen Daten leichter, ihre Stärken zu identifizieren und konstruktiv mit ihren Schwächen umzugehen. Der britische Philosoph Galen Strawson spricht von »that special, fabulously misplaced confidence that people feel when, considering elements of their own experience that are existentially fundamental for them, they take it that they must also be fundamental for everyone else«, und merkt in einer

Fußnote an: »I think this may be the greatest single source of unhappiness in human intercourse.«* Zumindest an dieser Unglücksursache wird auf breiter Front gearbeitet.

Ein dritter Grund für die Anziehungskraft der Selbstvermessungsidee liegt in einer generellen Begeisterung für das Sichtbar- und Zählbarmachen des Unsichtbaren. Barbara Sichtermann beschrieb 1981 in *Leben mit einem Neugeborenen*, wie der »Fetisch der Kontrolle« das Stillen unattraktiv macht:

> »Die Muttermilch nimmt ihren Weg aus dem Körper der Frau in den des Säuglings, ohne nach außen in Erscheinung zu treten, abgesehen von dem, was vorbeifließt oder was das Kind ausspeit. Die Milch bleibt ähnlich verborgen wie die Empfängnis: Ereignisse in den Tiefen von Körperhöhlen, von unseren Augen und Köpfen nur ex post und indirekt erkennbar. [...] Ich glaube, dass dieses Bedürfnis, zu wissen und zu sehen, was das Kind trinkt, und damit auch: die Nahrung selbst bereitet zu haben, ein früher Versuch ist, das Kind zu beherrschen oder milder, ziviler ausgedrückt: zu kontrollieren, was mit ihm geschieht, und damit wissentlich ›verantwortlich‹ zu erziehen. Das Stillen bietet eine solch nutzbare Kenntnis nicht, es ist blind und anarchisch.«

Das Messen, Sichtbarmachen und Vergleichen erfreut sich überall da, wo es einmal technisch plausibel gemacht wird, großer Beliebtheit, von der ägyptischen Herzwägung beim Totengericht und dem Wiegen der Seele im Jüngsten Ge-

* Galen Strawson, »Against Narrativity«, in: *Ratio* (2004), Nr. XVII.

richt über Duncan MacDougalls Experimente zur Bestimmung des Gewichts der Seele (21 Gramm), den Hau-den-Lukas, die öffentlichen Personenwaagen auf Bahnhöfen bis zu Golf-Handicaps, Elo-Zahlen und Intelligenzquotienten. Im Bodybuilding wie unter Freunden des »Feeder«-Fetischs ist das Nachmessen körperlicher Veränderungen von einer Begleiterscheinung zu einem zentralen Element des Vergnügens aufgestiegen. Wie auch im Sport dient es dem Vergleichen sowohl über den Raum (mit abwesenden Anderen) als auch über die Zeit (mit der eigenen Vorgeschichte) hinweg.

Vielleicht ist es auch hilfreich, die unscharfe Realität in handliche Zahlenform zu bringen, weil die Messdaten eine Form der Kommunikation mit Abwesenden darstellen und der eigene Freundeskreis internetbedingt zunehmend einer ist, der sich nicht mehr am selben Ort befindet. Von der Autorin Linda Stone stammt der Begriff der »continuous partial attention« für das oberflächliche Verfolgen einer großen Anzahl von Informationsquellen. Die durch Tracking entstehenden Datenströme aus dem Freundeskreis können eine ähnliche Funktion erfüllen wie die nebenbei wahrgenommenen Lebensäußerungen am selben Ort anwesender Menschen: Wie man den Aufenthaltsort und die Tätigkeit räumlich naher Personen in einer Wohnung beiläufig verfolgt, so nimmt man jetzt dieselben Informationen auch über räumlich entfernte Freunde auf. Bei deren aktiven Lebensäußerungen etwa bei Twitter oder Facebook wird das gerade zur Normalität, das Tracking ihrer Aufenthaltsorte oder Schlafenszeiten fügt dem nur eine weitere Ebene hinzu.

Leserkommentare zu »Quantified Self«-Artikeln kreisen

stark um den Einwand, es sei doch wichtig, bestimmte Dinge eben nicht ganz so genau zu wissen, ein Argument, das den Verfassern nicht weiter begründungsbedürftig scheint. Im Zusammenhang mit den gerade neu eingeführten Röntgenstrahlen hieß es 1896 in der medizinischen Fachzeitschrift *The Lancet*, es sei doch vielleicht eine »weise Vorkehrung« der Natur, dass das menschliche Auge eben nicht das Undurchsichtige durchschauen könne. Die Frage, ob vor der Röntgenstrahlung die letzten Bastionen der Privatsphäre kapitulieren müssten, beschäftigte die Journalisten, die Aussicht auf »ständige und unentrinnbare Öffentlichkeit«, die durch die vereinte Kraft der Wissenschaft und der modernen Lebensumstände in den letzten Jahren immer näher gerückt sei, und die Unmöglichkeit, noch »irgendeine Zuflucht vor der Außenwelt zu finden«. Es gab einen Gesetzesantrag zum Verbot des »Röntgen-Opernglases« in New Jersey und röntgendichte Unterwäsche aus dem Versandhauskatalog, gleichzeitig schenkten Liebende einander Röntgenbilder ihrer Körper, und Röntgenstrahlen wurden als Glatzenheilmittel, Blindheitskur und Mittel zur Wiederbelebung Toter diskutiert.*

Die aktuelle Diskussion um Privatsphäre und Selbstvermessung ist eine neue Runde dieser Auseinandersetzung mit der Frage, was eigentlich passiert, wenn das bisher Unsichtbare sichtbar gemacht wird. Und wahrscheinlich hat die

* Alle Quellen Linda Simon, *Dark Light. Electricity and Anxiety From the Telegraph to the X-Ray*, Boston: Houghton Mifflin Harcourt 2004.

Hinwendung zum privaten Datensammeln auch damit zu tun, dass mittlerweile die halbe Welt uns bis auf die Knochen durchleuchtet und über detaillierte Daten aus unserem Privatleben und Konsumverhalten verfügt, nur wir selbst nicht.

Schließlich ist die Quantified-Self-Bewegung auch eine Reaktion auf das zunehmende Wissen darüber, wie Wahrnehmung und Erinnerung uns systematisch in die Irre führen. Die sich in den letzten 20 Jahren mehrende Forschung auf diesem Gebiet und Bestseller wie Dan Arielys *Predictably Irrational* untergraben das Vertrauen in die Rationalität des eigenen Verhaltens und unserer Erklärungen für dieses Verhalten. Zu der Erkenntnis, dass Daten beim Zurechtrücken des Selbstbildes helfen können, tragen auch jene Angebote im Netz bei, in denen die Selbstvermessung als Nebeneffekt stattfindet: Der Audioscrobbler von last.fm zeichnet das Musikhörverhalten über viele Quellen hinweg auf, der eigene Browser die besuchten Seiten, Amazon die Käufe, Google Latitude die Aufenthaltsorte des Nutzers. Schon ein flüchtiger Blick auf diese Daten ist oft überraschend: Verlasse ich wirklich so selten mein Stadtviertel? Den unendlich oft gespielten Track, der mich jetzt langweilt, habe ich tatsächlich erst 14 Mal gehört? Wenn das so ist, welche anderen Annahmen über mein Verhalten haben womöglich wenig mit den Tatsachen zu tun?

An dieser Stelle ist mit dem Einwand zu rechnen, das Leben sei doch nur eine Erzählung und alle Vergesslichkeit und Wahrnehmungsverzerrung diene daher einem guten Zweck. Allerdings herrscht doch weitgehend Konsens darüber, dass es von Vorteil ist, sich mit seiner Lebenserzählung nicht vollständig vom Beobachtbaren zu lösen. Es gibt ein Kontinuum der Faktenorientiertheit, an dessen einem Ende der klinisch auffällige Konfabulierer steht. Am anderen Ende des Spektrums gibt es immer noch multiple sinnvolle Lebenserzählungen, die sich mit den nachzählbaren Details zur Deckung bringen lassen. So ist es etwa ab einer bestimmten Einkommensgrenze dem Einzelnen überlassen, ob er sich prekär oder wohlhabend fühlen möchte. Die Vorstellung, schnödes Nachsehen unterlaufe und gefährde die *weisen Vorkehrungen der Natur,* speist sich aus der Idee, so wie die Welt bis gerade eben noch war, sei sie doch wahrscheinlich genau richtig gewesen.

Wir haben neue technische Möglichkeiten, etwas über uns herauszufinden, und wir haben eine Reihe von Motivationen, es zu tun. Dass sich die Selbstvermessung unter diesen Umständen nicht auf breiter Front durchsetzen wird, ist unwahrscheinlich. Sie als privaten Trendunfug oder Folge von Hypochondrie und Narzissmus zu deuten, ist so sinnvoll, wie beim Stadtfuchs nach der individuellen psychischen Störung zu fahnden, die ihn aus dem schönen grünen Wald gelockt hat.

Textnachweise

»Standardsituationen der Technologiekritik« erschien zuerst in: *Merkur* 727 (Dezember 2009).

»Abschied vom Besten« erschien zuerst in: *Merkur* 732 (Mai 2010).

»Das Buch als Geldbäumchen« erschien zuerst in: *Merkur* 739 (Dezember 2010).

»Sümpfe und Salons« erschien zuerst in: *Merkur* 744 (Mai 2011).

»Wenn der Kuchen spricht, haben die Krümel Pause« erschien zuerst in: *Merkur* 751 (Dezember 2011).

»Unsere Daten, unser Leben« erschien zuerst in: *Merkur* 756 (Mai 2012).

edition unseld
Das Programm